Das Innere Ich

Dankeschön!

- *Michael, für die Hilfe beim Bearbeiten, das Mut machen und die gute Kritik.*
- *Den Testlesern für ihr Durchhalten und ihre ehrliche Meinung.*

Corinna Howe

Das Innere Ich

Alltagsgeschichten aus einem nicht ganz alltäglichen Jahr

Bibliografische Informationen der Deutschen Nationalbibliothek: Die Deutsche Nationalbibliothek verzeichnet diese Publikation in der Deutschen Nationalbibliografie; detaillierte bibliografische Daten sind im Internet über http://dnb.dnb.de abrufbar.

© 2015 Corinna Howe

Herstellung und Verlag.: BoD – Books on Demand Norderstedt

ISBN: 978-3-7392-1460-3

Gewidmet ist dieses Buch:

Meinem Freund, dem Pfarrer!

Vorwort

Zum dritten Mal nehme ich die werte Leserschaft ein Jahr lang mit hinein in meinen Alltag. Lasse sie an Erlebnissen und Gedanken teilhaben und stelle einen Teil von mir vor, welcher bisher von Anderen höchstens geahnt werden konnte, in meinem Denken und Handeln allerdings schon immer sehr präsent und aktiv war:

Das Innere Ich
Es war das dritte Jahr, welches wir in Sankt Petersburg, Russland, verbracht haben. Von dort ging es dann direkt nach Istanbul, Türkei. Es war eine Zeit des Aufbruchs und der Suche nach neuen Abenteuern
Wenn man nun mit einem Pfarrer befreundet ist, dann macht man sich zwangsläufig viele Gedanken über Gott und die Welt und obwohl ich skeptisch war, ob diese Gedanken die Menschen interessieren, befürworteten die Testleser, diese Geschichten zu veröffentlichen.
Na, bitte schön: Hier sind sie!

Brief an das Innere Ich

Es sind Dinge wie diese, die mich berühren und mir zeigen, dass ich es wohl nicht ganz falsch gemacht haben kann, mit der Schreiberei. Denn nach dem Absenden des letzten Textes „Vorbereitung auf das Ende" bekam ich, nein, das Innere Ich, post von einem Testleser. Diesen Brief, der eigentlich nach der letzten Geschichte dieses Buches von diesem Leser an mich geschrieben wurde, möchte ich nun hier als Vorwort einfügen, denn dort steht all das, was dieses Buch ausmacht. Und ich wünsche jedem Leser von Herzen, dass er diese Erfahrungen mit diesem Leser/in teilen kann!

Liebes Innere Ich,
Nun ist es aber wirklich mal an der Zeit, dir zu schreiben.
Deine "Ängste", einfach weg zu sein kann ich gut verstehen, denn niemand möchte einfach weg sein.
Aber ich möchte dir sagen, dass du in meinem persönlichen Fall definitiv nicht weg sein wirst. Nun spitz die Ohren!
Erstens freue ich mich wie bekloppt auf das Buch mit all deinen Geschichten und Erlebnissen und sei versichert, ich werde meinen Anteil leisten, dass deine Geschichten von vielen Menschen gelesen werden und du dadurch in Ihren wie auch in meinem Kopf nicht nur während des Lesens "herumspuken" wirst. Nein, denn beim
Lesen deiner ganzen Geschichten meldete sich ein sehr guter Freund von dir...mein Inneres Ich!!! Allerdings hat es nicht das grandiose Glück, seine Abenteuer durch mich aufs Papier zu bringen. Aber......es ist da und durch dich sehr lebendig!!!!Ein schönes Gefühl!!

Und zweitens, jetzt kommt der Teil bei dem dir hoffentlich ein breites Grinsen über dein Lakritz verschmiertes GESICHT huscht, bist du dauerhaft in meinem Gesicht! Wie???

Ganz einfach: in meinen Lachfalten!

Du hast, und in deinem Fall bin ich darüber sehr froh und dankbar, einen guten Anteil an der "Faltentiefe" in meinem Gesicht! Und da es kaum etwas gibt, was ein Gesicht schöner und interessanter machen kann als Lachfalten, bin ich dir sehr dankbar (die Firma, die meine Gesichtscreme herstellt sicher auch-denn du steigerst deren Umsatz).

Und nun stell dir einfach mein müßiges Eincremen vor, das eh nichts bringt....& es ja auch gar nicht wirklich muss.

Und drittens, in einem Buch zu leben ist etwas Einzigartiges, denn selbst wenn ein Leser das Buch am Ende zuklappt und in ein Regal stellt, bleibst du da. Bist da, wenn ein neuer Leser das Buch entdeckt und mit dir auf Reisen geht.

Ich hoffe, ich konnte dir ein klein wenig die Angst vom "weg sein" nehmen, denn vieles kann man verlieren, verlegen... Aber du wirst immer existent sein...in geschriebenen, gedruckten und gelesenen Worten.

Sieh nur, welch Glück du hast!

PS: Mein Bücherregal freut sich schon sehr, dir hier eins deiner vielen zukünftigen "neuen Zu Hause" zu sein......

Der Schokoladenmann

Ich bin ja davon überzeugt, dass jeder ein Inneres Ich hat. Die Betitelung unterscheidet sich eben nur. Manche sagen dazu „Intuition", „Bauchgefühl"... Das Innere Ich kommt immer dann auf den Plan, wenn wir uns in Gedanken mit irgendetwas auseinandersetzen, eine Entscheidung treffen oder uns eine zweite Meinung einholen.

Diese muss nun nicht immer richtig sein, denn obwohl das Innere Ich aus diversen Erinnerungs-Schubladen eigentlich genügend Material zum Recherchieren und analysieren hätte, schmiert es uns ab und an unser Denkgetriebe mit ranzigem Fett.

Anders ist es schließlich nicht zu erklären, warum wir uns den Pulli kaufen, von dem wir eigentlich wissen müssten, dass er uns nicht steht.

Oder mehrmals auf die Sorte Mann hereinfallen, die uns unglücklich machen.

In solchen Momenten sind wir in unserer Entscheidung also nicht mehr autark, sondern vielmehr von uns selbst fremdgesteuert.

Es kann ja auch durchaus ganz nützlich sein, dass Innere Ich. In Augenblicken, wo man Zuspruch und Trost braucht, wenn einem langweilig ist. Wenn man Jemanden braucht, mit dem man das Glück hinausschreien muss, weil man sonst daran zerplatzt...

Ich denke, das Innere Ich verhält sich bei jedem Menschen individuell anders. Ist ja auch logisch, da sich jeder Mensch von einem anderen unterscheidet und das nicht nur auf seinen Chromosomen.

Mein Inneres Ich ist meistens gut drauf und ausgesprochen vorlaut. Es verkleidet sich, im Gegensatz zu mir, äußerst gerne und liebt das Karaoke-Singen – obwohl seine gesanglichen Talente eher im unteren Bereich liegen.

„Kunst und Leidenschaft liegen im Ohr des Hörers!" Brüllt es gerade. Schade, eigentlich, dass Ohrstöpsel gegen das Innere Ich nicht funktionieren... Es hat sich eine schwarzhaarige Perücke aufgesetzt, einen weißen Pailletten-Anzug an und greift nach einem goldenen Mikrophon.

Es ist schwierig, sich auf das Schreiben zu konzentrieren, wenn einem Jemand den „Jailhouse-Rock" ins Hirn plärrt, den man ohnehin noch nie leiden konnte.

Das Fatale am Inneren Ich ist nämlich, dass niemand einen so gut kennt wie es. Selbst man selbst nicht. Dinge, die einem peinlich sind oder die ansonsten unangenehm sind verdrängen wir nämlich erfolgreich aus unserem Gedächtnis. Und da würden diese Erinnerungen auch bis in alle Ewigkeit verrotten, wenn das Innere Ich nicht ab und zu fieserweise genau diese heraus holt und uns damit auf die Nerven geht. Bevorzugt in ähnlichen Situationen.

„Hast du dich jetzt ausgeheult?" Fragt das Innere Ich und schält eine Banane, in die es herzhaft hinein beißt.
Na, wenigstens frisst es etwas Gesundes. Das Blöde ist nämlich, dass das, was das Innere Ich in sich hineinstopft auf meinen Hüften landet und es zum Sport nur mühsam motiviert werden kann.

Als ich nach dem Sommerurlaub nach Hause kam, bemerkte ich im Kühlschrank den unteren Rest eines

Schokoladen-Weihnachtsmannes. Den hatte ich meinem lieben Ehegatten zum Christfest vor zwei Jahren geschenkt.

(Anmerkung des Ehegatten: Es war letztes Jahr, nicht vor zwei Jahren)

(Anmerkung der Anmerkung: War wohl vor zwei Jahren)

(Anmerkung der Anmerkung der Anmerkung: Nein, es war letztes Jahr)

(Anmerkung der Anmerkung der Anmerkung der Anmerkung: Stimmt nicht!)

(Anmerkung der Anmerkung der Anmerkung der Anmerkung der Anmerkung: Doch.)

(Anmerkung der Anmerkung der Anmerkung der Anmerkung der Anmerkung der Anmerkung: Wette?)

Anmerkung der Anmerkung der Anmerkung der Anmerkung der Anmerkung der Anmerkung der Anmerkung der Anmerkung: Jepp. Eingeschlagen.)

„Lecker." Meinte das Innere Ich und schielte sehnsüchtig zu dem Dickmacher.

„Quatsch." Sagte ich und erinnerte das Innere Ich daran, dass ich überhaupt keine Schokolade mag. Ausnahmen sind die gewonnenen Überraschungseier, um die wir immer wetten.

Am Abend schlenderte erwähnter Ehegatte dann, von einem süßen Zahn getrieben, an seinen Vorrat und stand mehrere Augenblicke unbeweglich davor.

„Wo ist denn mein Schokoladen-Weihnachtsmann hin?"

„Keine Ahnung?" Wollte ich sagen und schaute von meinem Buch hoch. Doch noch bevor ich meine Unkenntnis laut machte, bemerkte ich, wie sich das Innere Ich genüsslich die Finger ableckte, unschuldig guckte und weiß-rotes Stanniolpapier unauffällig verschwinden ließ. Dabei trug es eine Mütze mit einem Elch drauf und summte die Melodie von „Jingle Bells"…

Sinnlose Fragen

Und wieder mal ein grauer Novembertag. Das Innere Ich hat mich gestern beim Sport dermaßen angetrieben, dass es heute außer Frage steht, ins Fitness-Studio zu gehen. Das heißt, vielleicht ein halbes Stündlein, später…

Es liegt tiefenentspannt auf einer Frotteecouch, hat die Hände hinter dem Kopf verschränkt und guckt in einen blauen Himmel mit weißen, duftigen Wölkchen.

„Hast du dir schon mal sinnlose Fragen gestellt?" Fragt es gerade lächelnd.

„Eigentlich versuche ich immer, genau das zu vermeiden." Antworte ich und mache mir nebenbei einen Kaffee, welcher direkt neben seiner Couch auftaucht.

„Aber es ist entspannend." Beharrt es. „Gibt es zum Beispiel ein anderes Wort für Synonym?"

„Klar." Sage ich ohne zu zögern. „Sinnverwand, bedeutungsähnlich, verwendungsähnlich"

Das Innere Ich guckt mich mitleidig an. „Du hast den Witz nicht verstanden…"

Es zwinkert mir zu: „Probieren wir es mal mit etwas Leichterem: Kann eine Hautcreme die 20 Jahre jünger aussehen lässt für eine 19 jährige tödlich sein?" Es grinst breit. „Oder: Warum gibt es kein Katzenfutter mit Mäusegeschmack?"

Ich ahne etwas…

„Du hast wieder im Internet gesurft?"

Es grinst breit und zeigt mir die Seite im weltweiten Netz, auf der es die Fragen gefunden hat.

„Ist ein Wintereinbruch strafbar?" Lese ich amüsiert. „Warum werden wohl als Vogelscheuchen immer nur Männer aufgestellt?"

Es nickt begeistert, trinkt den Kaffee mit dem Strohhalm und mampft ein Lakritzbrot. „Kann einem Glatzkopf eine Glückssträhne wachsen? Und kriegt man vom Taxifahrer Geld zurück, wenn er rückwärtsfährt?"

Langsam macht es tatsächlich Spaß. „Können Vegetarier Schmetterlinge im Bauch bekommen?" Lese ich lachend." Und können wir auch mal eine Minute an gar nichts denken?"

„Halt!" Das Innere Ich springt auf. „Das ist keine sinnlose Frage."

„Warum?" Frage ich verblüfft.

„Weil du genau weißt, dass ich das nie könnte. Also gar nichts denken, meine ich. Damit ist sie nicht mehr sinnlos, sondern beantwortet."

„Na gut", gebe ich zu, „dann lass uns mal wieder etwas Sinnvolleres tun."

Das Innere Ich hat eine Kochjacke an, einen angeklebten Zwirbelbart auf der Oberlippe und eine Nickelbrille auf.

„Lass uns Spaß kochen!" Ruft es und ich folge Herrn Lichter in die Küche.

Belebend

Draußen hängt der Nebel wie ein grauer Schleier über der Stadt. Bei diesem Wetter habe ich zu so ganz und gar nichts Lust. Nicht mal zum Kochen.

Das Innere Ich rührt mit einem Holzlöffel in einer Nebelsuppe herum, steckt den Zeigefinger hinein und probiert.

„Pfui Spinne..." murmelt es und gießt die Plörre in den Jute-Sack des Weihnachtsmannes.

„Und nu?" Frage ich.

„Bin für komplette Verweigerung jeglicher Aktivität." Stellt es fest und legt sich einen Eisbeutel auf die Stirn.

„Kater, was?" Frage ich und lege mir ebenfalls ein Coldpack auf die Schläfen.

Es gibt ein grunzendes Geräusch von sich, welches man mit einem gewissen Maß an Phantasie durchaus als leidende Zustimmung werten könnte.

Ich stehe auf und hole mir eine Aspirin.

„Ey, beweg dich nicht so schnell..." Wimmert das Innere Ich und hält den Eisbeutel auf dem Schädel fest. „Und keine Kurven!"

Ich komme am Spiegel vorbei und nicke der Person darin freundlich zu.

„Kennste die?" Frage ich das Innere Ich.

Es schüttelt wortlos und sehr langsam den Kopf.

„Verlassen Sie bitte meine Wohnung und machen Sie einen Termin aus." Sage ich zu der Fremden und schlurfe mit der Aspirin in die Küche.

Mist – in einem Anfall von Arbeitslust hatte ich bereits in der Früh die Spülmaschine befüllt. Darum ist ein Gang ins Esszimmer unumgänglich.

Das Innere Ich seufzt tief. „Hach, wie anstrengend."

„Ja," ich seufze auch, „das sind fünf Meter unnützer Kraftaufwand... Minimum!"

„Warum muss Aspirin eigentlich so ekelig schmecken?" Frage ich und würge das Kopfschmerz-Hilfsgetränk hinunter.

„Damit die Leute das nicht wie Saft trinken." Meint das Innere Ich.

„Hmpf." Mache ich und stelle die Eieruhr auf 15 Minuten.

„Was soll das denn?" Fragt das Innere Ich irritiert.

„Das Zeug soll doch angeblich nach einer Viertelstunde spürbar geholfen haben." Erwidere ich. „Wenn es klingelt und es zersprengt mir nicht den Schädel, dann hat die Werbung Recht."

Das Innere Ich sieht aus wie der personifizierte Zweifel.

„Manchmal hast du echt masochistische Züge…"

Wie im Trance mache ich den Kühlschrank auf und schaue hinein. Kohl, Salat, Käse, Butter, Milch, Joghurt, Steaks…

Das Innere Ich horcht auf.

„Stopp! Zurück!" Ruft es und ich nehme die Steaks in die Hand.

„Irish dry aged sirloin steaks." Lese ich, was auf der Packung geschrieben ist.

Das tiefrote Fleisch mit der zarten Marmorierung lässt bereits beim Betrachten den Eisengehalt im Körper ansteigen. Der Fleischsaft winselt geradezu danach sich in der Pfanne in eine Pflaumensauce verarbeiten zu lassen.

„Mit Apfelrotkohl…" Das Innere Ich sitzt vor einem gefüllten Teller.

Ich starre auf das noch verpackte Stück Fleisch und merke, wie mir das Wasser im Mund zusammenläuft.

„Kross angebraten und richtig derbe gewürzt…" Das Innere Ich schneidet andächtig das erste Stück ab. Außen rustikal und innen noch zärtlichstes Rosa. „Mit selbstgemachten Bärlauch-Spätzles." Das Innere Ich schwelgt im Genuß.

Okay, das ist zu viel. Ich nehme die Pfanne aus dem Schrank und ziehe meine Kochsachen an. Minuten später reduziert die Soße, knetet die Küchenmaschine den Nudel-Teig und schmort der Rotkohl im Rotwein-Sud.

Wenig später genieße ich mit völliger Hingabe mein Mittagessen und der Blick fällt auf die Eieruhr.

„Huch", fällt mir ein, „da war ja was."

Das Innere Ich grinst fröhlich und schiebt sich einen riesen Bissen Rotkohl in den Mund.

„Isch die Frage, " mampft es. „Ob die Aschpirin oder das Kochen geholfen hat."

Der erste Satz

„Der erste Satz ist wichtig. In der Liebe wie auch in der Literatur.

Ein guter erster Satz entscheidet oftmals schon darüber, ob wir uns in einen Menschen oder in ein Buch verlieben, ob wir berührt werden und uns voller Neugier auf das Versprechen einer guten Geschichte einlassen."

(Zitat aus einem Literatur-Wettbewerb im Internet)

Und gewonnen als "der schönste erste Satz" hat ausgerechnet Günter Grass` "Butt".... Das Innere Ich staunt.

"Jaja, mir ist schon klar, warum das der schönste erste Satz sein soll." Sagt es.

"Mir nicht, erklärs mir." Sage ich kopfschüttelnd. "Ilsebill salzte nach... Was soll mich denn da neugierig machen auf das Buch? Das sagt mir höchstens, dass die literarische Kost so fad ist, dass direkt im ersten Satz nachgesalzen werden muss, weil ihm die Würze fehlt."

"Eben." Das Innere Ich salzt nach. "Nach dem ersten Satz legen die Meisten das Buch ja auch wieder weg, darum kennen sie nur diesen und nicht zum Beispiel den letzten Satz oder einen aus der Mitte." Es grinst.

"Ich habe es übrigens gelesen." Sage ich. "Und zwar von der ersten bis zur letzten Seite. Aus Trotz. Weil der Wälzer nämlich in fast jedem Bücherregal steht, ich aber niemanden kenne, der es geschafft hat, den Schinken komplett ganz durch zu lesen."

"Und, hat dir die Geschichte gefallen?" Fragt das Innere Ich gelangweilt.

"Nö." Antworte ich. "Wahrscheinlich bin ich nicht intellektuell genug."

"Macht nüscht." Das Innere Ich hat eine Brille auf und eine Pfeife in der Hand, welche es in Gedanken versunken auf einem kleinen Holztisch ablegt, der neben dem schweren Ledersessel steht, in dem es sitzt.

"Ich bin überzeugt," beginnt es überzeugend, "dass ganz viele sogenannte `Intellektuelle` nur halb so viel denken, wie wir. Und ihre geklauten, irgendwo gehörten Meinungen und Schlussfolgerungen wie verbale Kopien unter die Leute streuen, um sich dann von ihnen als große Geister feiern zu lassen."

"Genau. Und dann wird aus einem genialen Gedanken ein Massenprodukt und wird in den ganzen Köpfen solange widergekäut, bis es seine eigene Wahrhaftigkeit verliert und zur großen Lüge wird." Echauffiere ich mich.

Das Innere Ich schmunzelt und lässt sich einen Bart wachsen, über den es streicht. "Im Umkehrschluss müsste man also klare Lügen aussprechen, damit am Ende die Wahrheit rauskommt? Gewagte These..."

Ich stutze: "Das ist keine These. Denn per Definition ist eine These ein Gedanke oder Satz, dessen Wahrheitsinhalt eines Beweises bedarf."

"Diese Definition hat sich ein sogenannter Intellektueller ausgedacht." Lacht das Innere Ich und hat sichtlich Spaß dieser Sinnverknetung. "Und weil keiner beweisen kann, ob das nicht ein Widerkäuer war, ist diese Definition somit null und nichtig."

"Es reicht!" Rufe ich. "Ich gebe auf! Das wird mir zu intellektuell, ich koche mir jetzt eine Suppe."

Funkenflink

Während ich den Staubsauger vor mich her führe, denn es ist wieder Montag und ich putze zähneknirschend die Wohnung, denkt sich das Innere Ich Wörter aus, die keinen Sinn ergeben.
„Funkenflink." Sagt es und strahlt. „Und Niemandsklau. Trübtreu und Stangenschwupps."
Während ich seine Worte aufschreibe fällt mir auf, dass das Rechtsschreibprogramm die Wörter bis auf Trübtreu anstandslos durchgehen lässt. Witzig.
„Jetzt müssen wir aber noch eine Bedeutung erfinden." Sagt das Innere Ich.
„Hm... mal überlegen... Funkenflink klingt wie ein Backofen- oder Grillreiniger."
„Jawoll!" Ruft es begeistert. Es steht auf dem Markt an einem mit rot-gelben Flammen bemalten Stand und preist das Reinigungszeug an:
„Damit der Ofen glänzt und blinkt – nimm doch lieber Funkenflink!"

Wenn ich das nächste Mal in Deutschland bin, dann werde ich im Supermarkt mal ernsthaft danach fragen, mal sehen, ob Jemand sagt: „Oh, das tut mir Leid, das ist gerade aus. Aber nächste Woche ist es bestimmt wieder im Regal."

„Lenk nicht ab." Ermahnt das Innere Ich und beugt sich in einer Gärtnerei über einen Kräuterbeet. „Niemandsklau könnte eine Pflanze sein. Aus der man Kräutertee macht. Dieser wiederum ist selbstverständlich äußerst gesund und heilt so ziemlich alles. Zumindest wenn man fest genug daran glaubt."
Ich muss grinsen.
„Trübtreu hört sich auf jeden Fall wie eine Biersorte an. `Treu bis zum letzten Glas` wäre da der Werbeslogan."
Sage ich.
„Oder auch `Ein Glas auf die Treue`." Kichert das Innere Ich.

„Stangenschwupps…" Überlege ich weiter. „Ein `Stahlschwamm aus der ganzen Stange` zum Abwickeln, mit dem man Pfannen reinigt?"
„Nö, für mich hört sich das eher nach einer Raupe an. Der Kokon ist bei der nämlich Stangenähnlich und wenn der Falter fertig ist, ploppt er aus seiner Bruthöhle. In diesem Moment selektiert die Natur dann die Überlebensfähigen aus, denn entweder sie können sofort fliegen oder sie stürzen in den Tod."
„Wie sieht der aus?" Frage ich, beeindruckt von so viel Fachwissen.
„Grau-rot-schwarz." Antwortet das Innere Ich wie aus der Pistole geschossen.

Ich grinse und stelle erleichtert fest, dass ich mit dem Staubsaugen fertig bin.

Hell`s kitchen

Ich habe mich mit meinem Freund zum Essen verabredet. Bei mir zuhause. Er ist Pfarrer von Beruf und wir hatten bereits einige spaßige Diskussionen, bei denen ich behauptete, Satan könne doch auch weiblich gewesen sein. Vielleicht wollte sie als Gottes Partner ihm ebenbürtig sein, wie ich meinem Mann ja schließlich auch.
Dann wäre Satan am Ende gar nicht „böse", sondern Gott einfach nur ein ziemlicher Macho.
Am Ende einer solchen Diskussion stellten wir amüsiert fest, dass Satan oder auch Luzifer ja nun immer noch auf der Erde wandeln könnte und, das könne man schlecht ausschließen oder beweisen, vielleicht sogar ich persönlich wäre! (Wie gesagt, wir witzelten halt gern ein wenig herum…)

Und während ich mit den Zutaten in meiner Küche jongliere, meint das Innere Ich: "Dein Freund, der Pfarrer, der ist ganz schön mutig."
"Wieso?" Frage ich und summe beim Kochen vor mich hin.
"Weil er vorhat, sich buchstäblich in `Teufels Küche` zu begeben." (Habe ich schon mal erwähnt, dass es Wortspiele liebt?)

"In der Tat," bestätige ich, "dazu gehört gewiss eine große Portion Mut. Aber ich hoffe ihn entschädigen zu können, indem ich teuflisch gut koche!"

Das Innere Ich kichert begeistert: "Pass nur auf mit den Chilis, damit es nicht so höllisch brennt."

"Du hast Recht, ich sollte darauf bedacht sein, die Gewürze ausgewogen unter zu mischen, damit es ein himmlisches Geschmackserlebnis wird."

Als ich mich wieder auf das Gemüse konzentrieren möchte, tippt es mir noch einmal mit dem Zeigefinger auf die Schulter. Also eigentlich piekst es ziemlich unsanft hinein.

"Au!" Rufe ich: "Dich reitet wohl der Teufel?!"

Das Innere Ich legt den Kopf schief und meint mit weiser Stimme: "Ich will ja den Teufel nicht an die Wand malen - aber vielleicht ist er ja Vegetarier?"

Ich halte inne: " Dann werde ich eben auf Teufel komm raus ohne Fleisch kochen. Aber ich glaube eher, dass er sich einen Teufel darum schert, ob da Fleisch drin ist."

Es denkt einen Augenblick nach und sagt dann zufrieden: "Und wenn er es immer noch nicht mag, dann soll er sich zum Teufel scheren."

"Oh," gebe ich zu Bedenken, "das ist jetzt aber ein Paradoxon..."

Erwachet!

Jeden Mittag um Punkt 12 Uhr dröhnt ein Kanonenschuss über Sankt Petersburg. Ist man zufällig in der Nähe, fährt einem dieser Donner in Mark und Bein. „Dann ist man jedenfalls hellwach." Grinst das Innere Ich.

Apropos `wach` - ich habe vor ein paar Tagen ein wenig über die Zeugen Jehovas nachgelesen. Aus purer Neugier.
„Jaja…" Macht das Innere Ich gedehnt und streicht über einen langen, weißen Bart.
„Es war interessant." Sage ich und frage mich gleichzeitig, warum ich das Gefühl habe, mich verteidigen zu müssen.

„Goldenes Kalb!" Ruft das Innere Ich. „Ich war dabei…"
Ja, das war schon ein mulmiges Gefühl, das muss ich zugeben. Die Internet-Seiten sind nämlich sehr gut aufgemacht und ermuntern zum Weiterlesen.
Rhetorisch sind die Zeugen Jehovas sicherlich auf einem ganz hohen Niveau und nach zwei Stunden sind mir ganz viele Dinge ins Auge gehüpft, an denen ich Gefallen hatte.
Das war dann aber auch der Moment, in dem das Innere Ich mit einer 12-bändigen Gesamtausgabe des Wachturmes auf mein Hirn donnerte und brüllte:
„Erwache! Diese Glaubensrichtung ist für dich eine ganz, ganz falsche Fährte!"
Da kann man mal sehen, wie anfällig der menschliche Geist doch ist. Wir können uns niemals sicher sein, dass wir nicht doch manipuliert werden und bei der falschen Schar mitlaufen.

„Das Isses!" Ruft das Innere Ich begeistert.

„Was isses?" Frage ich irritiert.

„Man sollte auf jeden Pegida-Anhänger (oder wie sie sich auch in Zukunft nennen werden) mindestens zwei Zeugen Jehovas hetzen. Die sollen sie mal so richtig bearbeiten und die Gehirne (soweit überhaupt vorhanden) mit ihren Lehren durchspülen. Da hätten wir alle etwas von. Die Zeugen hätten einen rasanten Mitglieder-Zuwachs und diese schrecklichen Umzüge auf den Straßen hörten auf."

Ich muss grinsen. „Aber", gebe ich zu bedenken, „wäre das nicht ein Laster für beide Seiten?"

„Och." Lächelt es ganz unschuldig. "Mir ist es lieber, sie laufen Jehova hinterher als einem modernen Adolf Hitler. Und die Zeugen haben doch das Leiden und Ertragen ohnehin auf ihren Fahnen stehen."

Windatmung

Ich bin mit meiner Freundin Annika für ein paar Tage an die Ostsee gefahren. Einfach mal ein wenig Urlaub und frische Luft.

Heute Morgen sind wir ganz früh aufgestanden (halb 7!), zum Strand galoppiert und haben meditatives Gehen mit Windatmung gelernt. Es ist ja nie zu spät, etwas Neues auszuprobieren und es ist ja auch wichtig, offen zu sein für Dinge, die man noch nicht kennt.

Den eigenen Körper nochmal in einem anderen Blickwinkel zu sehen und so weiter.

An dieser Stelle muss ich aber zugeben, dass ich ein ganz waches und sensibles Körpergefühl habe und mit diesem auch eigentlich gut umzugehen weiß.

Frau Praeviz, die "Chi-Gong"- Lehrerin empfing uns an einem abgelegenen Strandabschnitt. Jaha, im Nachhinein weiß ich auch, warum wir die einzigen Meditations-Jünger waren! Nach einer kleinen Einführung über Ursprung und Wirkung des „meditativen Gehens mit Windatmung" klopfte mein Inneres Ich bereits an und meinte maulend, es würde jetzt gern mal frühstücken. Das Frühstück in der Pension beginnt nämlich erst ab 8 Uhr, wir hatten also noch nichts gegessen...
Ich beruhigte das Innere Ich und konzentrierte mich auf die nächste Stunde, denn immerhin sollte das Ganze ja "anti-aging" und hinterher sichtbar sein. Gut, früher hieß sowas "Verjüngungs-Kur" - hat aber genau so wenig geholfen, wie die teuren Cremes oder die Stutenmilch...

Zuerst ging es an das Gehen. "Natürlich" war das Zauberwort. Wir sollten also "natürlich" gehen. Im eigenen Rhythmus, welchen sie mit "links-rechts-links-rechts" vorgab.
Das Innere Ich rollte mit den Augen und machte mir klar, dass dies absolut nicht mein Rhythmus war, denn meine Füße kamen mit der Langsamkeit ihrer Schritte nicht zurecht. Sie wollten es etwas schneller.
"Es ist wichtig, dass Sie entschleunigen." Meine Frau Praevitz mit wichtigem Gesichtsausdruck.
`Ausbremsen wäre das passendere Wort. ` Spottete das Innere Ich.
`Oller Störenfried,` wies ich das Innere Ich zur Ordnung. ` Lass dich doch einfach auch mal auf etwas Unbekanntes ein. Das tut gut! `

` Ph! ` Machte das Innere Ich, verschränkte die Arme und drehte sich trotzig zur Seite.

Dann kamen die Armbewegungen dazu, wir sollten uns vorstellen, dass wir mit beiden Händen langsam über ein Bügelbrett fahren. Immer nach rechts und links im Takt unserer Schritte. Und immer ganz bewusst mit der Ferse auftreten. Der Gang sollte breitbeiniger sein, wie bei einem Seemann. Und bei jedem zweiten Schritt den Kopf um 90 Grad drehen und zur Seite schauen. Bei alledem zweimal kurz hintereinander durch die Nase einatmen und schnell, stoßweise durch den Mund die Luft herauslassen.

So, und jetzt stellt sich der Leser bitte vor, wie das aussieht!!!
Es ging dann direkt am Wasser entlang auf den sich füllenden Strand zu. Während ich mich sehr wohl auf Meditation einlassen und das Weltengeschehen ausblenden kann, hatte mein Inneres Ich an diesem Morgen seine Probleme mit dem Loslassen. Es lag nämlich wiehernd vor Lachen in einem alten DDR-Turnanzug auf einer Gymnastikmatte in meiner Hirnhalle und hatte bereits Bauchschmerzen im Zwerchfell.

Frau Praevitz redete die ganze Zeit ohne Punkt und Komma, die ganze Situation war von Meditation ungefähr so weit entfernt wie Osama Bin Laden und der Dalai Lama...
"Und denken Sie immer daran, natürlich zu bleiben!" Ermahnte uns Frau Praevitz (Das Innere Ich wischte sich die Lachtränen aus den Augen)

Natürlich... Breitbeinig, als hätte ich mich in die Hose gemacht, mit fahrigen Bügelbewegungen und ruckartigem Blick nach rechts..... Klar.

Aber Frau Praevitz war ganz entzückt von unserer Konzentration: ""Super machst du das!" (MOMENT: Wann genau habe ich dieser Abgehobenen das DU angeboten???)

"Finde deine innere Mitte und hör genau hin, was sie zu dir sagt:" Ermunterte sie mich.

Gerade noch rechtzeitig biss ich mir auf die Zunge, denn das Innere Ich war bereits aufgesprungen und schrie: "FRÜHSTÜCK!!! Mit einem Riesenpott Kaffee." Es nahm ein Springseil und fing an, völlig gegen den von Frau Praevitz vorgegebenen Rhythmus zu hüpfen. Dabei pfiff es laut die Titelmelodie vom Weißen Hai und krakelte: "Und sag der dicken Nudel, dass ich sie nicht mag."

"Sie wollen nicht wissen, was meine Mitte gerade sagt, glauben Sie mir..." Murmelte ich deshalb und versuchte, mich auf die Wellen und den Wind zu konzentrieren. (Was gar nicht leicht war, denn das Innere Ich wechselte die Melodie ab und zu in Pipi Langstrumpf!)

Ich dachte mir nur noch, die Stunde möge bitte vorbei gehen und ich zurück zur Pension. Eine Familie kam uns entgegen und die Kinder schütteten sich aus vor Spott und kommentierten unser Tun mit: " Boa, guck mal, die ham `se ja nich alle!"

Das Innere Ich gab ihnen seufzend Recht und sah sich verstohlen um, ob nicht irgendwo bereits die Johanniter mit den weißen Jacken bereit standen, um uns in die Geschlossene zu befördern.

Zu allem Übel hatte sich das Innere Ich nun auch noch mit meinem Magen verbündet, welcher durch mehrfaches lautstarkes Knurren auf das fehlende Frühstück aufmerksam machte.

Irgendwann habe ich nicht mehr zugehört, was Frau Praevitz alles erzählte. Es hatte mich weder die Meditation erreicht, noch die Windatmung aber ich hörte wie sie meinte: "Ihr könnt das jederzeit in euren Alltag einbauen und werdet direkt einen spürbaren Effekt merken."

"Jau," konsternierte das Innere Ich. "Der spürbare Effekt ist eine komplette Unterzuckerung, mir ist eiskalt und der Körper hat den immensen Wunsch diese olle Meditations-Tante einfach in die Ostsee zu schmeißen!" Dann kratzte es sich kurz hinterm Ohr und maulte: "Außerdem ist die rechte Schulter total verspannt und tut weh."

Ich seufzte auch, allerdings vor Erleichterung, dass wir endlich gehen konnten. Diese Erfahrung hat pro Person 15 Euro gekostet.

Auf dem Heimweg haben wir uns gegenseitig erzählt, was wir empfunden haben und festgestellt, dass Annikas Inneres Ich ganz offensichtlich in meinem einen Seelenverwandten hat. :-)

Sankt Martin

In Deutschland ist der Laternenumzug der Kindergartenkinder fester Bestandteil der kirchlichen Tradition. „Teilen" ist wichtig und muss frühzeitig gelernt werden.

Nachdem aber nun am letzten Wochenende auch die Russen im Fernsehen den 25. Jahrestag des Mauerfalls angeschaut haben und begriffen, dass die Lichter-Demonstrationen einen ganzen Staat gestürzt hatten, wurde der Laternenumzug der Grundschüler von den russischen Behörden spontan verboten.

Versammlungsverbot.

Eigentlich konnten wir froh sein, dass wir mit den Kindern wenigstens innerhalb der Kirche und ihrem Vorplatz Sankt Martin feiern konnten!

Da kann man mal sehen, welche unfassbare Macht die Freiheit ist, dass ein so großer, kriegstreiberischer Staat wie Russland sich vor lauter Angst vor ein paar Minitatur-Freidenkern in die Hose macht...

Das Innere Ich fragt nachdenklich: „Worin liegt eigentlich der Unterschied zwischen Kommunismus und Sozialismus?"

„Nette Frage. Im Kommunismus gibt es keine `Klassen`. Alle sind gleich, der Kommunismus benötigt weder Geld noch Führer und schließt sich bereits bei der Definition in der Praxis aus." Antworte ich. „Der Sozialismus dagegen ist eine politische Weltanschauung, die das Ziel hat, eine solidarische Gesellschaft zu kreieren, in der Freiheit und Gleichheit als Grundwerte verwirklicht werden."

Das Innere Ich fällt vor Lachen vom Stuhl. „Na, das hat ja in Russland beides nicht so richtig geklappt."

Ich hebe warnend den Zeigefinger: „Moment, die offizielle politische Ideologie ist doch aber nicht der Sozialimus, sondern der Eurasiaismus."

„Heißt was?" Das Innere Ich kichert.

„Och, die Formel ist einfach: Osten gut, Westen schlecht."

„Kommt mir irgendwie ziemlich bekannt vor." Seufzt es und wirft eine Lenin-Figur aus natoblauem Plastik in den Papierkorb. „Hat das letzte Mal auch nicht geklappt."
Ich schaue irritiert auf die Figur.
Das Innere Ich zuckt gleichgültig mit den Schultern: „Ich mochte das Rot nicht, außerdem war die in Blau billiger."

These

Eine These bedarf des Beweises zur Grundlage.
Während eines Gespräches mit einem Freund kam die Frage auf, ob man "Sinn" machen kann.
"Nein, es kann nur etwas Sinn haben." War seine feste Überzeugung. Aber es kann ja gar nichts schaden, wenn man auch mal an den festesten Überzeugungen ein wenig rüttelt.

Darüber muss das Innere Ich erst mal nachdenken. Denn "Unsinn" kann man auf jeden Fall machen, warum also nicht auch Sinn?
"Auf jeden Fall kann man `Sinn geben`." Meint es. "Das wäre wenigstens schon mal ein Verb."
Ich überlege mit: "Man kann auch etwas vom Sinn befreien."
Das Innere Ich sagt sofort: "Jau, damit kennst du dich ja bestens aus!"
"Sehr witzig..."
"Geht so..." Es zuckt gleichgültig mit den Schultern. Dann beginnt es, die Wortfamilie auseinander zu nehmen.

"Sinnfrei, sinnlos, besinnen, Besinnung, sinngemäß, Ansinnen, sinnorientiert..."

"Das bist du jetzt gerade aber nicht wirklich..." Spöttele ich.

Das Innere Ich ist aber mit seiner Sinnfindung noch nicht fertig und jongliert ungehemmt mit Wortbällen in einem Wörterbuch herum.

"Wenn ich etwas Logisches tu, dann ` macht das Sinn`." Ruft es triumphierend. "Man kann also sehr wohl Sinn machen."

"Dann hat aber etwas den Sinn gemacht, nicht du." Gebe ich zu Bedenken.

"Ha!" Ruft es aus und setzt sich auf einen Berg Karotten.

"Wer bin ich?" Fragt es mit blitzenden Augen.

"Verstehe..... DAS Innere Ich."

Voila – Beweis erbracht!

Advent, Advent...

Im Gottesdienst am Totensonntag hatte Paulus Schiffbruch erlitten und wir hörten das Ende der Apostelgeschichte. Der arme Kerl hatte ja nicht wirklich viel Zeit, sich auf seine Aufgabe vorzubereiten. Gott hat ihn geblendet und losgeschickt, blind wie er war. Quasi in kaltes Wasser geworfen und gesagt: "Schwimm!"

"Naja, musst aber auch dazu sagen, dass der vorher die Christen verfolgt hat." Wirft das Innere Ich ein.

Jaja... Damals hieß er noch Saulus und wurde nach dem Religionswechsel zu Paulus. Aber darauf wollte ich gar nicht hinaus.

Wenn ich so an den ersten Advent denke, der ja greifbar vor der Tür steht, dann ist das ja auch irgendwie eine Vorbereitungszeit auf Weihnachten. Und diese Zeit ist nicht nur dazu da, dass wir uns sputen, um Geschenke zu besorgen und die Wohnung zu schmücken, sondern um uns innerlich vorzubereiten auf die Geburt Jesu.

Vielleicht auch eine Zeit, in der wir uns noch mal ganz tief fragen sollten, ob wir immer noch von unserem Gott überzeugt sind. In dieser Zeit könnten wir uns mit Gottes Hilfe vielleicht darauf vorbereiten, dass er etwas mit uns vorhat. Dass da noch eine Aufgabe ist, die er uns aufgeben möchte.

"Dann hoffe ich aber mal, dass die nicht so schmerzhaft wird, wie die von Paulus. Der musste nämlich ganz schön leiden." Das Innere Ich zieht eine Augenbraue hoch.

Den ersten Impuls, ihm zuzustimmen halte ich gerade noch zurück.

Und wenn dem so wäre? Wer wäre ich, diese Aufgabe nicht anzunehmen? Wie könnte ich Gottes Befehl ignorieren und gleichzeitig von ihm verlangen, dass er mich liebt und mir hilft?

Das Innere Ich wird ein bisschen kleinlaut. "Aber darauf hoffen, dass man glimpflich davon kommt, darf man doch wohl?" Murmelt es.

Klar, denke ich, hoffen darf und sollte man immer.

Gerade in dieser Zeit. Da wölbt sich die Hoffnung ja geradezu über unseren Köpfen wie ein Regenschirm bei Gewitterregen! Maria war damals "guter Hoffnung". Und Gott hoffte, dass die Menschen ihn durch Jesus wieder annehmen. Seitdem hoffen die Menschen auf sein Himmelreich und alles, was er uns in diesem Leben schenkt.

Wenn wir dieses Band der Hoffnung zwischen Gott und uns zerschneiden und uns von ihm abwenden, erwartet uns das Gegenteil von dem, was wir uns wünschen: Dann sind sich die Menschen gegenseitig im Weg. Missgunst, Habgier, Egoismus und das unsinnige Verlangen, mit Gewalt seine Überzeugungen und Willen durchzusetzen.

Die Hoffnung ist der Grund, auf dem wir unser Glaubens-Haus bauen. Wie fest und sicher es wird und ob wir uns darin wohl und behütet fühlen, liegt also in unserer Fähigkeit zu Hoffen und Gottes Willen anzunehmen.
"Kehrt um. Wendet euch ab von den falschen Wegen." Heißt es und das Innere Ich spricht die Worte sinnend mit.

Die Adventszeit gibt uns die Möglichkeit zu hoffen. Uns vorzubereiten und auf den rechten Weg zurück zu kommen. Jesus ist schließlich nach seinem Tod auferstanden. Wäre er das nicht, dann hätten wir gar keinen Grund zur Hoffnung. So aber hat er uns gezeigt, dass wir eine Chance haben, dass alles gut wird, wenn wir unsere Hoffnungen und unser Vertrauen in ihn setzen.
Das Innere Ich bastelt Fenstersterne aus Goldfolie, hat sich einen Tannenzweig ins Haar gesteckt und summt fröhlich ein Weihnachtslied.
Mit dem Gefühl der Hoffnung und der Vorbereitung auf Gottes Willen wird die Adventszeit zu einer glanzvollen und geheimnisvollen Zeit! Und die sollten wir alle genießen.

Asket

Mein Freund, der Pfarrer, kommt zum Mittagessen. Er macht es sich in der Küche bequem und schaut mir beim Nudelmachen zu. Die Musik aus dem CD-Spieler untermalt das leise Surren, wenn ich die Teigplatten durch die Nudelmaschine drehe. Ich liebe diese Stimmung, wenn es „heimelig" wird.

„Privater ist es dann nur noch im Schlafzimmer." Bemerkt das Innere Ich.

„Na, hör mal!" Entrüste ich mich. „In meiner Küche ist ja wohl überhaupt nichts Verwerfliches."

„Außer der Abfall." Grinst es.

„Haha. Bist doch sonst nicht so für Flachwitze…"

„Bei einer solchen Steilvorlage kann ich einfach nicht widerstehen." Es grinst immer noch.

Es setzt sich auf die Arbeitsfläche des Hirn-Küchenschrankes, jongliert mit Gewürzmühlen und genießt die Anwesenheit des Freundes. Es bemerkt seine Freude hier zu sein aber auch die Unruhe und die dunklen Schatten unter den hellen Augen.

„Außerdem hat ihm die Dattel im Speckmantel und die überbackene Rote Beete gar nicht so wirklich geschmeckt. Da kann er noch so viele `Lecker-Geräusche` machen." Grinst es.

„Ob er wohl ahnt, dass ich ihn als `Testesser` missbraucht habe?" Denke ich.

„Wohl kaum. Aber an den Rezepten musst du noch was ändern…" Meint es.

Im Raum schweben die Töne der Musik, des Kochens und seine Worte umher wie Tanzende in einem Ballsaal. In diesem Moment passt alles zusammen. Ich möchte nirgendwo anders sein, als hier und jetzt in meiner

Küche. Ich möchte keine andere Musik hören, als jene, die gerade läuft und ich möchte keinen anderen Menschen jetzt gerade hier sitzen haben, als ihn. Das Gefühl ist wie die Lieblings-Kuschel-Strickjacke, die man anzieht, weil man sich darin einfach sauwohl und geborgen fühlt.

„Nestwärme." Sagt das Innere Ich. „Die Wärme, die man zurück lässt, wenn man morgens aus dem Bett aufsteht."

„Manchmal denke darüber nach, ob das richtig ist, dass ich mehr verdiene als die meisten Gemeindemitglieder." Sagt mein Freund. „Will Jesus nicht vielmehr, dass man seinem Beispiel folgt. Er war ja Asket."

Ich denke einen Moment darüber nach. Jaja, wenn alle seinem Beispiel folgten, dann wäre das die blütenreinste Form des Kommunismus und es gäbe keine Kriege, nur Liebe und Gleichheit und Güte immerdar…

„Funktioniert aber nicht." Bemerkt das Innere Ich und mampft eine schwarze Banane.

Ich bin irritiert. „Bananen sind gelb, das Fruchtfleisch weiß…?"

„Nicht, wenn man sie in salzige Lakritze taucht." Antwortet es zuckersüß und lächelt.

Ich konzentriere mich auf seine Aussage.

„Es kommt darauf an, was man daraus macht, wenn man mehr Geld zur Verfügung hat als die unmittelbare Umgebung. Ob man es vielleicht teilt oder zumindest bereit ist, Anderen damit zu helfen. Ansonsten finde ich es persönlich eigentlich ganz wunderbar, nicht arm zu sein. Kochen zu können, was ich möchte. Mir und Anderen Wünsche zu erfüllen. Das Leben zu genießen macht zweifelsohne mehr Spaß, wenn man finanzielle Mittel zur Verfügung hat. Und man hat mehr

Möglichkeiten, tatsächlich im Sinne Gottes zu Handeln. Nur von guten Wünschen allein ist schließlich noch niemand satt geworden."

Und bevor ich es verhindern kann, drängelt sich das Innere Ich nach vorne und brüllt:
„Mal ganz davon abgesehen ist Jesus nur Gottes Sohn und damit also mein Bruder. Und von meinem Bruder lasse ich mir schon gleich dreimal nix vorschreiben!"
`Hm...` Denke ich und lasse die Nudeln in das sprudelnde Wasser gleiten. `Das könnte vielleicht ein Antwort darauf sein. Geschwister sind sich selten so ähnlich, dass sie denselben Lebensstil haben. Denselben Beruf ergreifen, dieselben Interessen und Abneigungen haben. Denselben Stil und denselben Geschmack.`
„Das ist auch gut so, denn sonst gäbe es keine Vielfalt. Jesus hat uns sein Leben vorgelebt. Wie weit wir es gut finden und das für uns auch so machen möchten, bleibt uns selbst überlassen. Wenn wir aber unser Leben anders gestalten und trotzdem menschlich, friedlich und freundschaftlich handeln, glaube ich nicht, dass Gott oder Jesus etwas dagegen haben." Das Innere Ich schlurft eine Bandnudel und zieht sie aus dem linke Ohr wieder heraus.
„Hä?!" Mache ich verständnislos.
Das Innere Ich grinst breit und flüstert geheimnisvoll: „It`s magic..."
Ich seufze innerlich, manchmal ist es einfach... komisch.
Jesus, der Kleinkriminelle

Ich bin in der Schule und vertrete meinen Freund, den Pfarrer, im Religionsunterricht. Die Sekundarstufe soll heute die einzelnen Abschnitte des Kirchenjahres kennen lernen, darum habe ich ihnen eine „Jahresscheibe" gebastelt, die wir gemeinsam beschriften, besprechen und bemalen.

Natürlich ist es wichtig, dass die Kinder nicht nur stupide abschreiben, sondern auch wissen, was sie da schreiben. Dabei ist ein hervorragendes Hilfsmittel die Frage nach dem „Warum?"

Da ist zum Beispiel eine Taube zu Pfingsten abgebildet. Die Schüler sind gut gelaunt und machen ganz hervorragend mit. Auf die Frage nach der Taube kommt zum Beispiel:

„Das ist das Zeichen für Frieden. Und normalerweise hat die auch noch einen Zweig im Schnabel."

(Das Innere Ich kichert: „Da freut sich aber der Herr Picasso, dass seine Friedenstaube den Einzug in die Weltreligion gefunden hat. Der Heilige Geist, der eigentlich damit gemeint ist, sollte sich ernsthaft Gedanken um seine Existenz machen!")

Ein anderer Schüler ergänzt: „Und die ist deswegen weiß, weil man ja im Krieg bei Verhandlungen oder wenn man aufgegeben hat, die weiße Fahne geschwenkt hat."

Das Innere Ich klebt sich ein Pflaster über den Mund, um nicht los zu prusten.

Wir einigen uns aber doch noch darauf, dass wir dem Picasso seinen Frieden lassen und den Heiligen Geist als Taube auf Jesus Schulter fliegen lassen, als Johannes ihn im Jordan taufte...

Weiter geht's im Kirchenjahr. Ein großer Stein, drei Frauen davor, hinter dem Stein eine Höhle. Was könnte das sein?

Ein Mädchen ist ganz eifrig: „Das ist das Grab von Jesus!"

Aha. Und warum ist das offen?

„Den hat man da raus geholt."

Das Innere Ich quietscht vor Freude.

„Nee, Jesus ist auferstanden." Hilft ein Klassenkamerad.

Das Mädchen ist allerdings noch nicht ganz einverstanden: „Guck doch mal den Stein an, den kann ja keiner alleine bewegen. Und außerdem geht der nur von außen weg zu schieben."

Das Innere Ich hat eine Lupe in der Hand und einen karierten Mantel mit Kragen an.

„Soko Jerusalem." Flüstert es aufgeregt. „Wer hat die Leiche geklaut?"

Wer wie genau den Stein bewegte, dass sollen sie ruhig nächste Woche mal den Herrn Pfarrer fragen!

Aber da sich Jesus später ja bei seinen Jüngern gezeigt hat, hat er auch für die ermittelnde Schülerin bewiesen, dass er aus dem Reich des Todes auferstanden ist. Gott sei Dank!

Auch eine Station auf unserer Wanderung durchs Jahr ist das Ernte-Dank-Fest. Da wissen alle, dass man an diesem Tag Äpfel, Getreide und andere essbare Sachen in die Kirche bringt. „Warum eigentlich?" Frage ich in die Runde der 6 – 8-Klässler. Die Antwort kommt prompt:

„Damit der Pfarrer nicht verhungern muss. Die werden ja nicht bezahlt und sind auch ansonsten immer auf Spenden angewiesen."

Das Innere Ich hat einen Talar an und eine Büchse mit einem Schlitz zum Geld einwerfen in der Hand. Es steht abgemagert und verhärmt vor der Kirchentür und der Magen knurrt laut.

Wir denken gemeinsam ein wenig darüber nach und irgendwann kommt die Erkenntnis aus den Kinderköpfen, dass man Gott ja damit auch danken könnte, dass er für uns Dinge wachsen lässt, damit wir nicht hungern müssen.

Und dann ist ja da auch noch der Psalm Sonntag... Da ist der Jesus mit seinen Jüngern nach Jerusalem und schickte sie in die Stadt, um einen dort angebundenen Esel zu holen. Er sagte ihnen: „Bindet ihn los und bringt ihn her. Und wenn euch jemand fragt, warum ihr ihn mitnehmt, dann antwortet `der Herr braucht ihn`.“
Ich warte einen Moment und sehe die Kinder fragend an. Niemand scheint daran etwas komisch zu finden. Also lege ich einen Gedanken hinterher:
„Wenn ich mir vorstelle, ich schicke zwei Bekannte in ein Autohaus, damit sie ohne zu fragen oder zu bezahlen, mit einem Auto vom Hof fahren bei Nachfragen rufen: `Der Herr braucht ihn!` - ich glaube nicht, dass mir der Autohändler am nächsten Tag einen roten Teppich ausrollen würde!“
Die Schüler schauen mich erschrocken an: „Hat Jesus den Esel geklaut?“ Fragt einer.
„Naja, es steht jedenfalls nicht in der Bibel, dass er seinen Jüngern Geld gegeben hat, um ihn zu bezahlen.“ Gebe ich zurück.
Ich bitte die Kinder, bis zur nächsten Woche darüber nach zu denken und im nächsten Religionsunterricht den Pfarrer zu fragen.
Ich bin sicher, er wird seinen Spaß daran haben, den Kleinkriminellen Jesus wieder rehabilitieren zu können.

Kinder können mit ihren Gedanken eben auch das drögeste Thema spannend machen!
Gottes-Beweise

Ich bin gerade dabei die nächste Religionsstunde vorzubereiten. Und habe mir dafür Gedanken um „Gottesbeweise" gemacht. Pater Anselms von Canterbury und Descartes Gedanken-Achterbahnen genauer unter die Lupe genommen und habe beim Versuch, diese „Beweise" nachzuvollziehen mein Hirn verknotet.

Anselm von Canterbury gilt als der „Vater der Scholastik". Hier kann wunderbar der Begriff „Scholastik" eingeführt werden (die wissenschaftliche Denkweise und Methode der Beweisführung)

„Hat nicht Aristoteles schon das Gleiche gemacht?" Fragt das Innere Ich, welches aufmerksam mitliest. „Und wer war da wohl eher dran…"

Egal, Anselms Beweise klangen so:

1   Annahme des Gegenteils: Das, worüber hinaus nichts Größeres gedacht werden kann [d. i. Gott], existiert nicht in Wirklichkeit, sondern nur im Verstand.

2   Wenn (1), dann kann etwas gedacht werden, das größer ist als das, worüber hinaus nichts Größeres gedacht werden kann (nämlich ebendieses, jedoch mit der zusätzlichen Qualität, dass es auch in Wirklichkeit existiert, was dann größer ist als das lediglich Gedachte, welches nicht in der Wirklichkeit existiert).

3   Wenn etwas gedacht werden kann, das größer ist als das, worüber hinaus nichts Größeres gedacht werden kann, dann ist das, worüber hinaus nichts Größeres gedacht werden kann, etwas, worüber hinaus Größeres gedacht werden kann.

4   Das, worüber hinaus nichts Größeres gedacht werden kann, ist etwas, worüber hinaus Größeres gedacht werden kann [aus (1), (2) und (3) durch zweimalige Anwendung des Modus ponens].

5   (4) ist widersprüchlich und daher (1) falsch, d. h.: Das, worüber hinaus nichts Größeres gedacht werden kann [d. i. Gott], existiert in Wirklichkeit und nicht nur im Verstand [aus (1)–(4) durch reductio ad absurdum].

Gut, das habe ich verstanden und lasse das von mir aus auch einfach so stehen.
Das Innere Ich kratzt sich am Kopf: „Ich hab`s noch nicht kapiert."
Ich grinse, denn wenn man so ein schwieriges Thema mit der 6. Klasse machen will, muss man es sowieso in andere Worte packen.
„Canterbury sagt, was als Vollkommen gedacht werden kann, ist real. Wenn wir uns die Vollkommenheit (Gott) vorstellen können, dann muss es sie (ergo Gott) auch real existent geben, sonst wäre es nicht vollkommen. Sprich: Vollkommenheit wird von ihm mit Sein gleichgesetzt."

Das Innere Ich legt die Stirn in Falten und grübelt: „Und? Meinst du, er hat Recht?"
„Nur, wenn es möglich wäre, dass du aus meinem Kopf in die reale Welt herauskommst und auf dem Tisch tanzt." Antworte ich. „Unser Verstand hat in unserer Schädeldecke eine Grenze. Und in deinem Fall ist das auch gut so!"
„Und trotzdem empfindest du mich als existent."
„In meinem Inneren schon." Erläutere ich. „Ebenso nehme ich mir für mich die Freiheit an Gott zu glauben."

Wäre spannend, sowas mit den Kindern zu diskutieren!

Ich lese weitere Gottesbeweise, welche über die Merkmale der Gott-artigkeit philosophieren. Auch den lieben Herrn Descartes treffe ich auf dieser Lesereise. Er sagt aber eigentlich das Gleiche wie Anselm.

Aber dann kommt Thomas von Aquin und rechnet mit einer Formel, bei der das Innere Ich „Stop!" Ruft. Er beschreibt, dass Bewegung durch etwas angestoßen werden muss, damit es sich bewegt. Und, dass das, was die erste Bewegung angestoßen hat, zwangsläufig Gott sein muss. Denn er lehnt den Rückgriff auf die Unendlichkeit ab.

„Ha!" Das Innere Ich lacht sich schlapp: "Der ist ja super. Durch das Verleugnen von Alternativen eine Behauptung zu zementieren. Das ist wie die Behauptung, dass alle ungeraden Zahlen Primzahlen sind. Im Witz wird die 9 als „Messfehler" ignoriert und nach 6 „Messungen" aufgehört, weil die Beweisführung als genügend angesehen wird."

Und dann werden meine Augen beim Lesen immer größer:

„Computer beweist Existenz Gottes!
Gödels ontologischer Gottesbeweis wurde im Nachlass des bekannten Mathematikers und Logikers gefunden und ist bislang nur von Philosophen logisch untersucht worden. Die KI-Professoren haben eine Variante des Beweises formalisiert und nachgewiesen, dass die Grundannahmen konsistent und die Argumentationskette korrekt ist. Die Beweisführung konnte fast vollautomatisch mit dem Computer erzeugt werden."

(Text aus einer Internet-Tageszeitung)

Das Innere Ich schüttelt sich: „Und jetzt? Kann man Gott jetzt ausdrucken und ihm eine Echtheits-Plakette ins Ohr tackern und am Souvenierstand verkaufen?"

Ich grinse: „Vermutlich sind wir in unserer naiven, kleinen Theologiewelt einfach nicht gebildet genug, um solch höhere Dinge zu begreifen. Da müsste jetzt doch mein Freund, der Pfarrer, helfen."

Das Innere Ich klopft ungeduldig mit dem Fuß auf den Boden. „Der Herr ist aber gerade in Israel und wird dir nicht weiterhelfen können." Meckert es.

„Ich weiß..." Seufze ich und bemerke, dass es noch mindestens 5 lange Tage werden, bis eine Antwort vom Fachmann für theologische Fragen zu erwarten ist.

Das wäre wohl der geeignete Moment, um zuzugeben, dass ich die Bibel nie ganz gelesen habe.

Aber es senkt sich ein ganz anderer wichtiger Gedanke in mein Hirn herab und wird vom Inneren Ich fröhlich pustend in der Höhe gehalten, wie eine Seifenblase.

Warum sollte man Gott überhaupt beweisen können?!
Warum sollte ein Gott sich selbst beweisen wollen?!

Die Menschen sollen aus dem Herzen glauben und ihn mit ihrer Seele lieben. Nicht durch den Verstand. Mit den Versuchen, Gott rational zu beweisen denken wir uns den Glauben kaputt. (Das Innere Ich lässt die Seifenblase auf der Nasenspitze zerplatzen.)

„Nur, wenn wir es zulassen." Meint es.

Der 1. Advent

In der letzten Religionsstunde hatten wir ja nun Jesus als Esel-Dieb enttarnt und herzlich über diese Geschichte gelacht.

Heute nun saß ich gespannt im Gottesdienst und verfolgte die Worte des Pfarrers und freute mich auf eine fröhliche Adventsfeier mit der Gemeinde.

Und dann kam doch glatt genau diese Geschichte mit dem Esel! Das Innere Ich rollte sich, wiehernd vor Lachen, auf der Kirchenbank zusammen und ich konnte mich nur ganz schwer beherrschen, nicht los zu prusten!

Ohnehin war dieser Gottesdienst an mehreren Stellen eine vergnügliche Geschichte. Da hatte man einen Bläsertrupp dabei, welche aber so blechern und schief klangen, dass es sich eher anhörte, als würde eine Traube Dosen hinter einem Hochzeitswagen her scheppern. Teilweise war es unmöglich, die Melodie zu erfassen und irgendwann gab ich den Versuch des Mitsingens dann auf. Vermutlich zur Freude der Umstehenden, denn gesanglich bin ich im Gottesdienst sicherlich keine Bereicherung...

Aufmerksam verfolgte ich die Worte der Predigt.
„Und als Jesus da nach Jerusalem einritt, in die Stadt, wo Gott wohnte..."
„Huch!" Rief das Innere Ich wachsam, zog sich ein Postleitzahlenbuch auf die Knie und blätterte suchend durch die Seiten.
„Was machst du da?" Flüsterte ich.
„Ich suche die Postadresse von Gott in Jerusalem." Meinte es und grinste breit. „Guck mal an: Jetzt bekommt das Wort Post-Leit-Zahl eine ganz andere Bedeutung!"

„Advent, die Zeit in der wir die Herzen öffnen sollen, um Gott willkommen zu heißen und seine Gaben anzunehmen..."

Das Innere Ich hält an einem „Drive-In-Schalter" an, kurbelt die Scheibe runter und bestellt fröhlich:

„Ich hätte dann gern eine große Portion Freude, die Klugheit sie zu genießen, die Kraft sie zu halten und Freunde mit denen ich sie teilen kann. Die anderen Sachen, die er aufgezählt hat, nehme ich dann zum Dessert."

Der Mann am Schalter nickt und gibt ihm eine gestreifte Tüte. Und wenn man ganz genau hinschaut, dann ist einem, als funkelten darin ein paar Sonnenstrahlen...

Kalender-Gefühle

Ich frage mich gerade warum an Weihnachten plötzlich die Herzen und die Portemonnaie`s aufgehen? Warum ausgerechnet am 24. Dezember alle Welt in sentimentaler Stimmung heilige Lieder singt und die U-Boot-Christen aus ihrer ganzjährigen Versenkung auftauchen und in Massen in die Kirchen rennen? Warum alle es "zauberhaft" finden, wenn kleine Kinder ihre auswendig gelernte Textzeile leiernd vortragen und dabei ihrer Mami winken, die tränengerührt in der zweiten Bank sitzt... Schlechte Regie, schlecht gespielt in grauenhafter Kulisse. Trotzdem finden es alle toll.

Erzähl mir nicht, das den Kindern (oder dem armen Tropf von Regisseur, der ganz und gar kein Talent und Ahnung besitzt!) der göttliche Funke aus den Ohren strahlt und wir ob dessen Herrlichkeit so verblendet sind, dass wir die Wahrheit nicht sehen!

Warum also ist das so, dass am 24. Dezember, pünktlich zum vorgegebenen Kalendertag, unsere Hormone verrückt spielen?
Weil wir darauf getrimmt werden, seit unserer Geburt? Weil Weihnachten IMMER an diesem Tag gefeiert wurde - nicht etwa eine Woche früher oder später oder im Juni? Vielleicht, weil wir uns einfach daran gewöhnt haben und alle denselben Kalender haben und die Anderen sich ebenfalls das ganze Jahr über darauf einrichten. Sind wir vom Kalender so am Gängelband, wie ein Hund an der Leine dem es nicht vergönnt ist, an den Baum seiner Wahl zu pinkeln weil das Band bis dahin nicht reicht?

Oder ist es womöglich so, dass wir das ganze Jahr über kleinere Dosen Sentimentalität in uns aufsparen und die Büchse zu Weihnachten endlich aufmachen, weil im normalen Alltag das Jahr über so wenig Zeit dafür ist? Leben wir gar an Weihnachten die Gefühle aus, die wir uns ein ganzes Jahr über verkniffen haben? Was für ein furchtbarer Gedanke! Und doch, ein bisschen Wahrheit ist wohl darin, sonst wären Sätze wie "verschieben wir es doch auf morgen!" nicht so legendär...

Egal, ob antrainiert, gewohnheitsmäßig oder wegen einer gebrochenen Gefühls-Staumauer - ich finde, wir sollten jeden Tag ein bisschen Weihnachten im Herzen feiern und uns öfter mal bewusst machen, dass es immer einen Grund gibt, sentimental zu sein.
Lachen ist auch sentimental - und gesund. Pneumonieprophylaxe!

Weinen auch - beugt Magengeschwüren vor und hält die Nebenhöhlen auf Trab.

Und vor einem prall geschmückten Tannenbaum mit vielen leuchtenden Kerzen (und natürlich viel zu viel Lametta!) sitzt mein Inneres Ich auf einem Kissen auf dem Fußboden, hält einen Becher Punsch in der Hand und hat sich einen roten Schal um den Hals gewickelt. Hinter ihm flackert ein wärmendes Feuer im Kamin und ein uraltes Grammophon leiert kratzend "Vom Himmel hoch" aus den uralten Rillen einer Langspielplatte. Es zwinkert mir mit einem breiten Grinsen und rosigen Wangen zu (die vermutlich vom Punsch herrühren) und lacht: "Und denke daran, wessen Geburtstag wir heute feiern! Wenn er doch für so viele Millionen Menschen auf dieser Welt gestorben ist, dann sollte man ihm doch eigentlich auch 365 Tage im Jahr seinen Geburtstag gönnen."
Dann schneidet es die Hundeleine durch, die es um den Hals hatte und beißt genüsslich in einen Lebkuchen.

Gruß an die Deutsche Gemeinde

Mit großen Augen liest das Innere Ich den Brief. Da gibt es eine Gemeinde in Deutschland, die die Geschichten vom „Kleinkriminellen Jesus" und dem „1. Advent" im Gottesdienst vorgelesen haben…
„Die kennen mich jetzt alle." Flüstert das Innere Ich andächtig. „Wir haben sozusagen mit ihnen mitgefeiert. Haben unsere Gedanken ausgetauscht."

Ich nicke und binde das Innere Ich an einem Metallzaun an, weil es beginnt abzuheben.

So schwebt es nun mit seligem Lächeln um die zwei Meter über dem Boden und stellt sich die Gemeinde in Deutschland vor.

Was das wohl für Menschen sind?

Sind auch Kinder dabei? Und haben diese im Gottesdienst vielleicht in der Nase gebohrt oder Seiten aus dem Gesangbuch gerissen und damit Papierkügelchen gemacht, um sie einem Menschen in den Nacken zu flitschen, der immer nur mit ihnen schimpft...?

Wie haben sich die Erwachsenen wohl gefühlt, als sie das Innere Ich kennen gelernt haben? Was haben sie wohl bei dieser Art Gedankenaustausch gedacht?

„Sie werden gedacht haben: `Die schönste Form der Schizophrenie! `" Lacht das Innere Ich von oben und verteilt Flugküsse an die Deutsche Gemeinde.

„Ach hör doch auf." Meine ich, nicht ganz ernst.

„Ob der Pfarrer genug Humor besitzt, um unsere Empfindungen teilen zu können? Liebt er seine Gemeinde ebenso wie unser Herr Pfarrer seine Gemeinde liebt? Ist er in der Seele offen und führt seine ihm anvertrauten Menschen sicher an Gottes Seite? Oder ist es einer von diesen mittelalterlichen, verstaubten Gehirnen, die verknöchert mit gicht-geplagten Fingern auf das Neue und Unbekannte zeigen und es verurteilen und fernhalten?"

Das Innere Ich hat einen scharlachroten Umhang um und zündet einen Scheiterhaufen an.

„Ey!" Ich trete das Feuer aus. „Würdest du dich bitte daran erinnern, dass ich aus dem Harz komme, wo die Hexen traditionell auch herumfliegen?" Ich schüttle missbilligend den Kopf. „Außerdem ergibt sich die Antwort schon aus der Situation. Hätte er nicht das Herz auf dem rechten Fleck, dann wären die Geschichten wohl kaum in den Gottesdienst gekommen!"

„Das leuchtet ein." Stimmt das Innere Ich zu.

„Ich würde der Gemeinde gern einen Gruß zukommen lassen und am nächsten Sonntag, dem 2. Advent in Gedanken mit ihnen feiern, wenn ich hier in unserer Petrikirche unserem Pfarrer lausche." Meint das Innere Ich und deutet mit dem Kinn auf die Tastatur meines Arbeitsgerätes.

Und nur zu gern lasse ich meine Finger über die Tasten fliegen und wünschte, dieser Gruß würde die Gemeinde in Deutschland erreichen.

Ich wünsche allen einen fröhlichen und gesegneten 2. Advent!

2. Advent

In der Adventszeit warten wir auf den Geburtstag von Jesus. Nun beinhaltet das Wort „Warten" aber immer gleichzeitig auch das Wort „Geduld".

Und bei eben diesem stellen sich beim Inneren Ich die Nackenhaare auf.

Es ist äußerst ungeduldig! Und es wartet überhaupt nicht gern.

Wenn man aber mal darüber nachdenkt, dann ist es manchmal bitter nötig, zu warten oder geduldig zu sein. Auch, wenn es überaus schwer fällt. Ich vergesse das oft, weil ich `zu schnell unterwegs bin`.

Dabei übersehe ich aber auch oft etwas oder verliere Jemanden, weil nicht alle bei dem Tempo mithalten können.

Es ist am Ende des Lebens aber nicht Derjenige näher bei Gott, der am schnellsten gewesen ist, sondern Derjenige, der sich Zeit genommen hat für seinen Weg zu ihm.

Das Innere Ich kaut verlegen an der Unterlippe. Eigentlich weiß es das nur zu gut – trotzdem biegt es oftmals auf die Überholspur ab.

Dabei ist es ja eigentlich gar nicht wichtig, wie oft wir unsere Geduld verlieren, weil sie mit unserem High-Speed-Leben nicht mithalten kann. Wichtig ist aber, immer wieder zu versuchen geduldig zu sein. Geduld kann man lernen – aber das braucht eben Zeit.

Wenn ich beim Kochen einer Soße nicht die Zeit gebe, einkochen zu können, dann wird sie zu dünn sein, zu fade. Sie wird nicht schmecken und alle Zutaten und die Zeit, die ich in die Zubereitung gesteckt habe sind verloren.

Ein Haus zu bauen braucht Geduld – man kann schließlich nicht mit dem Dach anfangen!

Wenn ich Sommerblumen in ein gefrorenes Winterbeet setze, dann werde ich an den Pflanzen nicht lange Freude haben. Denn sie haben ihre eigene Zeit und gehen im Winter nun mal ein. Ich muss also geduldig auf den Sommer warten – ob ich will oder nicht.

In der Adventszeit warten wir auf die Ankunft Gottes Sohnes. Und egal, wie viele Adventskalender wir aufhängen, es werden vom 1. Dezember bis zum Heiligen Abend vierundzwanzig Tage sein, die vergehen werden. Und auch nicht ein einziger weniger.

Wie wäre es, wenn man nun diese Zeit nimmt, um Geduld zu üben. Um zu lernen, anderen Menschen durch die eigene Ungeduld nicht immer wieder vor den Kopf zu stoßen. Dingen ihre Zeit zu lassen.
Eine Zeit, in der die Hoffnung auf ein Ziel ganz viel bringen kann. Auch mal genauer und mehrmals hinschauen, wenn uns etwas enttäuscht, vielleicht war es ja auch einfach noch nicht die richtige Zeit dafür.
Mit dem Warten stellt uns Gott immer wieder auf die Probe.
„Wenn du mich liebst, dann wirst du auf mich warten."
Und ich bin sicher, dass das Warten sich in den meisten Fällen lohnen wird.
In der Bibel heißt es irgendwo: „Herr, schenke mir Geduld."

Ja, das bete ich auch oft. Und ich will es lernen. Immer und immer wieder und gebe die Hoffnung nicht auf, es irgendwann zu schaffen.

Für mich ist dieser zweite Advent also ein Geschenk, welches ich annehme um an meinem Ziel zu arbeiten.

Das Innere Ich hat ganz glänzende Augen und schnäuzt geräuschvoll in ein Taschentuch.

„Jetzt bin ich ganz gerührt." Flüstert es andächtig und stimmt von Herzen in meinen Wunsch ein.

Alptraum

Ich schlafe tief und fest. Witziger Weise weiß ich im Traum, dass ich träume. Ich gehe spazieren durch den Reinhards Wald in Hessen. Die Sonne blitzt hie und da zwischen dem eichenen Blätterdach hindurch und kitzelt auf der Haut. Die Stimmung ist völlig gelassen und ich fühle mich sauwohl.
Plötzlich steht da eine Tür mitten auf dem Wanderweg. Beim Näherkommen erkenne ich die Haustür unserer russischen Wohnung.
Erstaunt öffne ich sie und bin umgeben von einem ohrenbetäubenden Summen.

Milliarden dicker, schwarzer Fliegen umhüllen mich, es wird dunkel. Sie kriechen mir in die Ohren, Nase, Augen und unter die Anziehsachen. Ich kann nicht weglaufen, nichts mehr sehen. Die Tür ist weg und ich kann mich nirgends festhalten.
Ich möchte schreien, traue mich aber nicht den Mund aufzumachen. Die Lunge ist voll mit Fliegen und ich bekomme keine Luft mehr.
Sie legen Eier, welche mit dem Blut durch den ganzen Körper gelangen und schlüpfen innerhalb von Minuten. Ich spüre, wie sie sich an den Fingerkuppen unter der Haut bewegen und mir wird schlecht vor Ekel.
Kurz bevor ich ersticke wache ich auf.

Michel schnarcht wie ein Sägewerk, weil er eine Erkältung hat, daher wohl das Brummen der Fliegen...

Ich trinke einen Schluck Wasser und schiebe meine Hand dann so weit unter seine Decke, bis ich ihn mit den Fingerspitzen berühre. Jetzt ist alles gut und ich dusel langsam wieder in den Schlaf.

Das Innere Ich tappst barfuß durch einen Flur, zieht eine ellenlange Kuscheldecke hinter sich her und gähnt.

„War was?" Fragt es mit schweren Lidern.

„Nein." Antworte ich.

Das langsamste Taxi

Novemberwetter. Es ist dunkel, grau und es regnet. Bei molligen 2 Grad plus. Bei einem solchen Schietwetter laufe selbst ich keine 4 km zur Deutschen Schule, um ein Gespräch wahrzunehmen...

Wozu gibt es Taxen? Im Laufe der Jahre hier in Russland habe ich bereits Erfahrung auf diesem Gebiet der Fortbewegung sammeln dürfen (müssen...), darum habe ich den Wagen bereits anderthalb Stunden vor dem Termin gerufen. Und siehe da, nach nur dreißig Minuten steht das Auto vor der Tür.

Das Innere Ich hat sich bereits gewappnet: Es hat einen Rennfahrerhelm auf dem Kopf, einen schicken Overall mit einem Werbeaufnäher von Redtube an und sitzt in einem Recaro-Sportsitz. Denn oft fahren die Taxiführer, als wären sie auf der Flucht. Viele Fahrten fühlen sich an, als sei man versehentlich in einen James-Bond-Film geraten.

Nicht so heute! Direkt bei Anfahren würgt er durch zu wenig Gas den Motor ab. So richtig das Gefühl für die Kupplung hat er wohl nicht, denn ich werde beim (endlich geglückten) Anfahren ruckartig in meinen Sicherheitsgurt gepresst.

„Heute schon genickt?" Keucht das Innere Ich.

Die Sankt Petersburger Straßen sind im Winter um elf Uhr morgens nicht besonders voll. Darum gibt es eigentlich keinen Grund, warum der professionelle Fahrzeugführer in diesem Taxi nicht in den zweiten Gang schaltet und mit sagenhaften 20 km/h über den Asphalt prescht.

Das Innere Ich läuft gemütlich neben einem Auto her und genießt den Regen.

Vor jeder Ampel bleibt er stehen, egal, ob rot oder grün und es vergehen zwei Ampelphasen, bis er den Wagen wieder in Bewegung bringt.

„Der Kerl hat was von Professor Hastig aus der Sesamstraße. Der ist beim Reden immer eingeschlafen." Brummt das Innere Ich missmutig. „Das man dafür auch noch Geld bezahlt, ist eigentlich schade."

„Du meinst, wenn wir vor der Schule ankommen, sollten wir einfach rausspringen und abhauen, weil er sowieso nicht schnell genug hinterher ist?" Frage ich muss grinsen bei dieser Vorstellung.

„Pfff..."Das Innere Ich rollt mit den Augen. „Falls wir überhaupt je ankommen!" Es hat Decken und Kissen unter dem Arm und hält den Becher mit der Zahnbürste in der Hand.

„Was wird das?" Frage ich irritiert.

„Ich richte mich schon mal auf eine Übernachtung ein."

Das ständige „in-den-Gurt-gepresst-werden" wird langsam schmerzhaft.

„Ey, Alter! Ich bekomme gleich eine Sternum-Prellung erster Güte!" Schreit das Innere Ich aufgebracht.

„Noch zwei Straßen... Halte durch!" Motiviere ich es.

Der Fahrer ist tatsächlich die ganze Fahrt über im ersten Gang geblieben...

Nach sportlichen 40 Minuten kommen wir tatsächlich noch an der Schule an. Die Strecke ist ca. 4 km lang...

Bizarr

Ich komme vom Sport zurück und merke bereits den kommenden Muskelkater, während ich die durchgeschwitzten Sportsachen in die Waschmaschine stopfe.

Das Innere Ich fächelt sich Luft zu während es auf eine Chaiselongue sinkt und sich von einem Sarottimohr mit einem Straußenfedern-Riesenfächer Kühlung zuwedeln lässt.

„Uh, das gibt bestimmt Ärger." Meine ich.

„Warum?" Fragt das Innere Ich und angelt nach dem Mineralwasser.

„Weil man Mohr nicht mehr sagen darf", erkläre ich, „wegen Rassismus."

Das Innere Ich zieht langsam eine Augenbraue nach oben und erwidert: „Mag sein, aber ʼstark pigmentierte männliche Schokoladen-Werbefigurʼ hört sich einfach total blöd an."

„Jepp." Stimme ich zu und lösche die Zeilen nicht.

Das Innere Ich schreit nach Obst und darum nehme ich mir eine Grapefruit und schneide sie horizontal auf.
„Früher hießen die Pampelmusen." Grinst das Innere Ich.
Stimmt. Die wurden eingeschnitten, mit Zucker bestreut und mit dem Löffel heraus gefischt. Das spritzt natürlich in alle Richtungen und durch den Zucker klebt danach der ganze Esstisch.
„Jaaaa!" Verlangt das Innere Ich und darum serviere ich mir selbst die Frucht genau so.

„Früher hieß das auch noch `Negerkuss`. Wir haben es als Solchen gegessen und sind trotzdem nicht rassistisch geworden." Meint es kauend.
„Ich habe als Kind auch überhaupt keine Verbindung von der Süßigkeit zu einem Menschen gezogen." Stimme ich zu.
„Überhaupt haben ja manche Gerichte gar nichts mit dem Namen zu tun. `Falscher Hase` zum Beispiel.   Oder `Kalte Schnauze`."
„Zigeunersauce." Das Innere Ich grinst breit. „Und natürlich `Bergbauernmilch`."
„Katzenzungen." Wir wechseln uns ab. „Und Toast Hawaii."
„Hä?" Ich stutze. "Wieso Toast Hawaii? Die Ananas verbindet man doch nun auf jeden Fall mit Hawaii."

Das Innere Ich hat den schwarzen Frack von Lehrer Lempel an und deutet mit dem Rohrstock auf eine alte grüne Schultafel, auf der in roter Farbe einige Linien aufgemalt sind. An den Seiten ist sie bereits ganz rissig und auf dem Boden davor steht ein kleiner Schemel.

Vermutlich für die kleinen Schüler, die sonst zum Schreiben nicht hinauf reichen würden.

„Aufgepasst!" Ruft es und klopft mit dem Stock an die Tafel. „Hawaii ist nur zu einem ganz kleinen Teil richtig. Die Ananas kommt nämlich ursprünglich aus Südamerika und wurde als Kulturpflanze dort lange vor Kolumbus Erscheinen angebaut. Erst Ende des 19. Jahrhunderts wurde sie ob der Nachfrage aus Europa dann auf Hawaii angebaut aber bereits in den 1950er Jahren von Ländern wie den Philippinen und Thailand abgelöst. Korrekt müsste es also heißen `Toast Karibik`."
Hört sich aber auch nicht so toll an...

„Apropos korrekt." Sage ich und kann die Nachricht, welche ich gerade gelesen habe, kaum glauben: „Da hat man doch tatsächlich das Kinderlied `Drei kleine Schweinchen` in `Drei kleine Welpen` umbetitelt."
„Warum?" Fragt das Innere Ich erstaunt.
„Weil die Muslimen sich wegen den Schweinen diskriminiert fühlen könnten und die Kinder im Kindergarten das Lied deswegen nicht mitsingen könnten." Ich halte mir bereits den Bauch vor Lachen.
Das Innere Ich schüttelt fassungslos den Kopf und meint nur: „Äußerst bizarr..."

Das Aquarium

"Mischt Gott sich eigentlich in unser Leben ein?" Fragt das Innere Ich plötzlich.

Ich lege den Kopf schief und denke nach: "Eigentlich schon, wenn man so in die Bibel schaut, hat er sich ja öfter mal aktiv am Weltgeschehen beteiligt."

Das Innere Ich wärmt sich seine Finger an einem brennenden Dornbusch. "Nee, das meine ich nicht..." Meint es. "Eher so, heutzutage."

"Kommt, glaube ich, darauf an, wie weit wir ihn in unser Leben hinein und mitwirken lassen." Sage ich.

Das Innere Ich schweigt einen Moment.

Ich denke mich aus mir heraus und betrachte das Ganze mal ein wenig globaler: "Dann fragt man sich natürlich unwillkürlich, warum er bei großen Katastrophen wie Ebola, Aids, Hungersnöten und so weiter nicht eingreift."

Das Innere Ich hat einen Taucheranzug an und steigt in ein gläsernes Bassin: "Vielleicht sind wir ja auch nur so etwas wie die Fische in einem Aquarium, das Gott gemacht hat, um ab und zu mal hinzuschauen, um sich die Zeit zu vertreiben. Dass er gar nicht mehr eingreifen will, sondern nur noch zugucken."

"Merkwürdiger Vergleich..." Murmele ich. "Ehrlich gesagt tu ich mich schwer damit, mir einen gelangweilten Gott vorzustellen."

"Wieso nicht? Wo er doch schon alles erschaffen hat, setzt er sich vielleicht davor und glotzt in die Kiste, wie wir in den Fernseher."

"Dann ist es aber ein sehr seichtes Programm..." Grinse ich und stelle mir vor, wie Gott entspannt vor einem beleuchteten Aquarium sitzt.

"Von wegen seicht!" Ruft das Innere Ich. "In einem Aquarium kann ganz schön Action sein. Setz mal Piranhas in ein Buntbarsch-Becken!"

Ich kratze mich hinterm Ohr: "Ich fürchte, die sind schon lange im Wasser...."

Das Du

Ist das nicht witzig, dass "kleine" Worte so riesige Bedeutung bekommen, wenn wir sie aussprechen? Ein "du" beispielsweise... Nur zwei Buchstaben, eigentlich nur ein kurzer Ton. Und doch bedeutet uns das so viel.
Es kann morgens gemurmelt werden beim ersten Aufwachen, liebevoll, zärtlich gehaucht und drückt alles das aus, was einem in dem Moment wichtig ist. Nähe, Geborgenheit, Zugehörigkeit, Liebe.
Es kann im Streit "DU" groß gebrüllt werden, eine verbale Ohrfeige, die mitten in die Seele trifft. Schallend und schmerzhaft hallt es nach, auf ihm schwimmen Vorwurf, Verletztheit, Unverständnis und Wut.
Und es gibt das "Umgangs-Du", ein wenig einfältig und naiv, welches aus Fremden Bekannte macht und aus Bekannten vielleicht irgendwann Freunde. Ein abwartendes und annäherndes Du, oft benutzt, wie ein Band, welches man zueinander knüpft. Es perlt von den Lippen und aus den Fingern gleichermaßen wie ein kostbares Juwel, denn der Weg vom Bekannten zum Freund ist steinig und für beide eine Herausforderung.

Das "Du", zwei einfache kleine Buchstaben sind die Hände, die wir uns reichen. Das erste Bekenntnis: "Ja, ich möchte dich kennen lernen, ich möchte auf dich zugehen."

Cleopatra

Es ist alles geputzt und ich belohne mich dafür, indem ich mir einen Kaffee koche und mich damit gemütlich aufs Sofa setze. Ich angele nach einer von den Frauenzeitschriften, welche mir Denise bei ihrem Besuch mitgebracht hatte.

"Women's Health". Darin steht, dass man als Paar besseren und öfteren Sex hätte, wenn man gemeinsam nebeneinander joggt. Weil das Adrenalin und Glückshormone freisetzt.

"Tja." Frotzelt das Innere Ich. "Du läufst so langsam, dass in diesem Fall beim Michel höchstens Schlafhormone ausgeschüttet werden."

"Ach," kontere ich, "wenn er dann also beim Laufen neben mir schnarcht wäre das also der sogenannte `Beischlaf." Bei der Vorstellung der Bilder dieser Wortverknetung muss ich kichern.

"Findest du es nicht höchst bedenklich, dass du über deine eigenen Witze kicherst?" Fragt das Innere Ich und zieht eine Augenbraue nach oben.

Ich höre sofort auf zu schmunzeln und widme mich wieder der Zeitung.

"Cleopatras Geheimnis" lese ich. Na klar, da steht es wieder, das Baden in Eselsmilch. Wie kann man nur den putzigen kleinen Langohren ihre Milch klauen?

"Na, wenn`s doch schön macht?" Sehnsüchtig betrachtet das Innere Ich die faltenfreie, nachretuschierte Beispielhaut der 20jährigen auf dem Foto.

Ich winke ab. "Pfff! Für sowas braucht man sicherlich keine Eselsmilch, das geht mit jeder anderen..." In diesem Moment wusste ich bereits, was geschehen würde.

"Versuch gar nicht erst, mit mir darüber zu diskutieren." Ermahnt das Innere Ich. "Ich will in Milch baden und zwar jetzt."

"Och nö!" Jammere ich. „Ich bin gerade fertig mit der Putzerei." Aber ich weiß aus über 40 Jahren Erfahrung mit dem Inneren Ich, dass es zwecklos ist und ich diese Schlacht verlieren würde. Also schlurfe ich ins Badezimmer und lasse Wasser in die Wanne.

Stelle ein Tischchen daneben, darauf kommt eine Tasse Früchtetee und ein paar Lakritzen und natürlich die Zeitung, welche ich weiterlesen werde. Gut nur, dass wir am Wochenende noch eingekauft haben.

Ich lasse einen ganzen Liter Milch zu dem Wasser mit hineinlaufen und lege mich in die Badewanne. Ist schon was Schönes, sich so im warmen Wasser zu wälzen. Die nächste Stunde verbringe ich mit ausgiebigem Genuss meiner Lage.

Danach noch abduschen und dann kommt der große Moment. Wird sich die Haut anders anfühlen, als vorher? Tatsächlich! Ganz weich und zart. Ich bin genauso begeistert wie das Innere Ich - dabei sind wir selten einer Meinung!

Das muss ich gleich meiner Freundin erzählen, ich werde ohnehin noch rüber gehen, weil ich etwas bei ihr abholen möchte.

Unterwegs stelle ich mir vor, dass ich riechen muss wie ein satter Säugling und schmunzele bei der Vorstellung. Diesen Geruch habe ich als sehr angenehm in Erinnerung.

"Geh schon mal in die Küche, ich bin sofort da." Etwas außer Atem wickelt sich meine Freundin den Schal ab und flitzt aufs Klo, sie ist auch gerade erst heim gekommen. Ich tu, wie mir geheißen und warte auf sie.

"Willst du auch `nen Kaffee?" Fragt sie.

"Au ja." Antworte ich und schaue ihr zu, wie sie die Geräte bedient. Ich werde warten, bis sie sich zu mir setzt und dann bin ich gespannt, ob sie bemerkt, wie wunderschön strahlend mein Teint ist...

Plötzlich hebt sie Kopf und runzelt die Stirn.

"Was stinkt denn hier so nach vergammelter Milch?" Murmelt sie. Macht den Kühlschrank auf und riecht hinein. Kopfschüttelnd macht sie die Tür wieder zu und dreht sich zu mir um. Das Innere Ich wird knallrot. Ich auch...

Die Uhren zurück gedreht

Gestern wurden die Uhren auf Winterzeit gestellt. Der damalige russische Präsident hatte das 2007 mal eingeführt. (Also, der andere Putin.)

"Wegen den KÜHEN!" Das Innere Ich gluckst vor Lachen und schlägt sich auf die Schenkel.

"Nicht vorsagen..." Sage ich ärgerlich.

Aber ja, im Westen werden die Uhren verstellt, um das Licht auszunutzen und damit der Wirtschaft und uns allen zu Wohlstand zu verhelfen. Der heutige Putin hat der Zeitumstellung in Russland nun einen Riegel vorgeschoben. Mit folgender Begründung:

Er möchte den empfindlichen russischen Kühen die Traumata ersparen, welche sie erwarten, wenn sie eine Stunde später oder früher gemolken werden.

Darum bleibt die Zeit ab jetzt so, wie sie gestellt ist.

Das Innere Ich kichert noch leise und fragt dann: "Was machen wir denn heute mit der geschenkten Stunde?"

"Keine Ahnung." Antworte ich. "Putzen?"

"Abgelehnt."

"Jakobs Klamotten endlich mal sortieren?"

"Abgelehnt."

Ich rolle mit den Augen: "Dann schlag du doch was vor."

Es guckt mich an, als hätte es bereits die ganze Zeit etwas im Sinn gehabt und sagt dann: "Schuhe kaufen."

Und wenn ich mir das recht überlege, ist das eine ziemlich gute Idee, ich bräuchte nämlich neue Stiefel...

Und, weil die Stunde ja zusätzlich im Tag geschenkt wurde, kann ich die anderen Sachen trotzdem machen.

:-)

Der goldene Becher

In der ganzen Diskussion um die verschuldeten Länder der Euro-Gemeinschaft und auch das Tauziehen in der Ukraine, dessen Ausgang von Beginn an ohnehin schon absehbar war, gibt es ganz sicher Menschen, denen das Wohl der Menschen in diesen Ländern sehr wichtig ist und sie mit dem ganzen Herzen den demokratischen oder humanitären Gedanken leben.

Dann gibt es Leute, die einfach versuchen, ihren Job gut zu machen. Wieder Andere schwimmen irgendwo mit, weil es ihnen eigentlich egal ist oder sie sich nicht entscheiden können oder mögen.

Und es gibt Diejenigen, die aus noch so verwerflichen Situationen versuchen, sich die Taschen voll zu machen.

„Oh, wie ich diese Leute verachte!" Spuckt das Innere Ich aus und wünscht ihnen dicke, schmerzende Eiterbeulen an das Hinterteil.

„Nun ja, es liegt wohl in der Natur des Menschen, lieber die Anderen leiden zu sehen, als sich selbst. Zumindest gilt das für Einige." Gebe ich nachdenklich dazu und mir wird klar, dass es nicht Einige sind, sondern wohl die Meisten.

Man geizt sozusagen mit dem eigenen Glück und mag es nicht mit anderen teilen.

Mahnend hebt das Innere Ich den Zeigefinger: „In Sachen Griechenland haben wir aber ziemlich geteilt!" Sagt es. „Man stelle sich mal vor, der kleine Herr Mustermann geht zu seiner Bank und nimmt einen Kredit auf. Er gibt das Geld aus und als die Bank die Rückzahlungs-Raten einfordert, stellt sich Herr Mustermann hin und meint, er möchte, dass die Bank seine Schulden einfach erlässt. Und zahlt nix zurück.

Mehr noch, er beschimpft die Bank und alle seine Angestellten, macht sie für die eigene Misere verantwortlich und kündigt die Konten und die Verträge.

Genau das tut Griechenland und ich frage mich, warum man es dann noch unterstützen sollte?! Immerhin ist das

Geld, welches eben auch die Deutsche Wirtschaft mit viel Arbeit verdient hat und als Dank verbrennen die Griechen öffentlich Bilder von unserer Bundeskanzlerin!" Das Innere Ich echauffiert sich gewaltig.

Irgendwie hört sich das richtig an und doch steige ich mal mit einem großen Schritt über eingefahrene Meinungen und schaue mir die Sache von einer anderen Richtung aus an. Kein Land der Welt würde in ein Anderes so viel Energie und Geld stecken, wenn es nicht am Ende der Leine einen Vorteil davon hätte. Die Frage müsste also lauten: Warum tun sie es?
Das Innere Ich hat aufgehört zu toben und legt den Kopf schief. Nach einer Weile sagt es: „Stimmt, ich habe zu schwarz-weiß gedacht. Aber mir fällt eine schöne Geschichte dazu ein:
Ein Geizhals kommt an einem Brunnen vorbei, an dem sitzt ein Junge in Lumpen gekleidet und weint. Als er sich nach dem Grund erkundigt, erzählt der Knabe, er habe versehentlich einen goldenen Becher in den Brunnen fallen lassen und nun traue er sich nicht mehr nach Hause.
Da zieht der Geizhals alle Kleider aus und springt in den Brunnen, um den Becher zu bergen. Während er aber im Wasser sucht, nimmt der Junge seine Sachen und läuft damit davon." Es macht mit glänzenden Augen eine bedeutungsvolle Pause und fragt dann: „Was meinst du, kommen deine Leser drauf, was du damit sagen willst?"
Ich lächle und erwidere: „Das werden wir einfach ausprobieren!"

Der Google-Gott

Gestern war ich auf einer Veranstaltung im Generalkonsulat nach deren Ende eine Dame auf mich zukam und fragte: "Frau Howe, wird es ein neues Buch geben? Ich bin ein Fan ihrer Texte!"

Prompt lächelte das Innere Ich geschmeichelt und legte lasziv divenhaft den linken Ellenbogen auf einer Marmorsäule ab. Es trug eine bodenlage Glitzerrobe, hatte eine Gala-Frisur und hauchte der Dame ein Küsschen entgegen. In der Aufmachung hätte es mühelos auf jedem roten Teppich der Welt die Photographen beeindruckt und jeden Hollywood-Star vor Neid (v)erblassen lassen.

Währenddessen suchte ich nach Worten und wurstelte eher schlecht als recht den Versuch einer Erklärung zurecht.

Es ist wirklich nicht einfach mit diesem Inneren Ich zu leben. Denn es ist äußerst temperamentvoll, eigensinnig, tiefsinnig, ungeduldig, ironisch und äußerst frech!

Das Innere Ich hat gerade mitgelesen und legt den Kopf schief. Es wartet einen Moment, bis ich bemerke, dass es nichts sagt und meint dann: "Würdest du lieber ohne mich leben?"

Ich stutze: "Weiß nich... Die Frage stellt sich nicht, da es unmöglich ist."

Da das Innere Ich aber ein großer Freund von vogelwilden Theorien ist, springt es bereits auf ein Trampolin und verschüttet dabei den Kaffee, den es gerade in der Hand hatte.

"Aber mal angenommen, du könntest mich einfach abschalten. Loswerden. Durch Hypnose oder die Einnahme bewusstseins-erweiternder Maßnahmen."

"Drogen?" Frage ich entsetzt.

Es zuckt nur unschuldig mit den Schultern.

"Bist du bescheuert, ich nehme doch keine Drogen, nur, weil ich das Übermaß an Phantasie und Kreativität loswerden möchte, welches mich öfter mal in die Klemme bringt!" Rufe ich empört aus.

"Wenn du mich als das beschreibst, dann sind es doch von Gott gegebene Geschenke. Dann bin ich sozusagen ein `Gottesgeschenk`."

"Eher eine `Gotteslast`." Brumme ich leise.

Das Innere Ich steht ganz still und leise in einer großen Halle. Es sieht aus wie die personifizierte Definition von Alleinsein und Einsamkeit und ich bekomme einen dicken Kloß im Hals.

"Okay," gebe ich zu, "ich möchte dich nicht loswerden. Denn ohne dich wäre es ziemlich langweilig."

Es bewegt sich immer noch nicht.

"Jaja, du bist ein Gottesgeschenk." Ich muss lachen und das Innere Ich malt die Wände der Halle himmelblau an.

"Apropos Gott: Man könnte sagen, dass der moderne Gott `Google` heißt." Sinniert es.

(Fußnote: Habe ich schon einmal erwähnt, dass es dem Inneren Ich vollkommen wumpe ist, wenn es mitten im Satz einfach das Thema wechselt und damit die Leser völlig irritiert...?)

Ich muss schmunzeln: "Der Google-Gott?"

Das Innere Ich sitzt bereits vor dem Laptop und googelt.

"Guck mal!" Ruft es begeistert,

" wenn man `Gott` eingibt, dann kommt als erstes Wikipedia mit seiner rationalen `Gottes-Erklärung`."

"Toll." Sage ich. "Und warum ist Google nun Gott?"

Es wendet sich zu mir um, wie zu einem Kind, welches eine durchaus dumme Frage gestellt hat: "Überleg doch mal, wie viele Milliarden Anfragen - man könnte diese Fragen auch Gebete oder Wünsche nennen - in Google täglich getätigt werden. Und Google hilft den Menschen sofort auf Knopfdruck. Kein Hinrennen zu irgendwelchen Messen, kein stilles Gebet ohne Antworten. Google gibt den Menschen alles, was sie erwarten und brauchen. Von Rat bis Trost über Wissen und aktuelle Informationen. Früher hat Gott die Menschen zusammen gebracht, heute ist es Google. Es wenden sich täglich mehr Menschen an Google als an Gott. Es hat ihn in seiner Wichtigkeit für die Menschen sozusagen abgelöst."

Ich werde nachdenklich: "Aber innere Befriedigung bekomme ich im Gebet mit Gott, nicht bei Google."
Das Innere ich grinst frech: "Wenn du Befriedigung möchtest, dann such doch bei Google eine Pornoseite."
"Sehr witzig..." Ich rolle mit den Augen. Aber die Idee vom Google-Gott gefällt mir.

"Und Wikipedia?" Frage ich. "Ist das dann der Erzengel Michael?"
Das Innere Ich setzt sich mit einer Harfe in der Hand auf eine Wolke und lässt die nackten Füße baumeln. "Wohl eher nicht." Meint es sinnend und streicht über die Saiten des Instrumentes. (Dabei hört man deutlich, dass es keine Harfe spielen kann.) "Bei den ganzen Unwahrheiten, die über Wikipedia verbreitet werden, würde ich es eher als Luzifer betiteln."

Trotzdem ist mir unwohl bei dem Gedanken, dass Google Gott vielleicht schon abgelöst hat....

Der Klingelbeutel

Es hat heute Nacht ein paar leise Flocken geschneit und so sind die Dächer von Sankt Petersburg wie mit Puderzucker überzogen. Das fühlt sich schon fast ein bisschen nach Weihnachten an.

Auf der Newa sind am letzten Samstag die Eisschollen angekommen und türmen sich nun in bizarren Bildern über dem Wasser auf.

Das Innere Ich schaukelt auf einer Christbaumkugel an einem Riesen-Weihnachtsbaum und schmettert dabei „Vom Himmel hoch, da komm ich her!"

„Soll das etwa die Weihnachtsausgabe von Miley Cyrus auf der Abrissbirne werden?" Frage ich skeptisch.

Das Innere Ich streckt die Nase in die Luft und sagt: „Und wenn du noch so sehr bettelst, ich werde mich nicht ausziehen!"

„Das will ich dir auch geraten haben, das soll immerhin ein seriöses Buch werden!" Schnaufe ich.

Seit ein paar Wochen wissen wir, dass wir Russland verlassen werden. Nun hat sich in den letzten Jahren eine ganze Menge Münzgeld angesammelt. Mein Göttergatte hat nämlich in seinem Portemonnaie kein Fach für Kleingeld und so wandern die Metallstücke in eine Plastiktüte in unserem Wohnzimmerschrank.

Inzwischen sind es um die 5 Kilo Münzen – also bereits ein ordentlicher Sparstrumpf!

Mit diesem Schatz bin ich von Bank zu Bank gelaufen und habe versucht, die Münzen in Papiergeld umzutauschen – ohne Erfolg. Ein paarmal habe ich damit eingekauft aber so richtig glücklich waren die Kassiererinnen nicht, wenn sie zwei Hände voll Kleingeld abzählen müssen, während die Warteschlange lang und länger wird...

Das ist doch aber bares Geld und wenn wir Russland verlassen, können wir es nicht mehr ausgeben. Und zum Wegschmeißen ist es ja nun wirklich nicht da!

Am vorletzten Sonntag nun hatte ich keine Scheine mehr in meiner Börse und brauchte doch etwas für den Klingelbeutel in der Kirche. Obwohl es eigentlich eher ein Klingelkörbchen ist, was dort herum gereicht wird.

„Vergiss ja nicht zu sagen, dass es meine Idee war!" Mahnt das Innere Ich.

„Jaja." Antworte ich.

Und es hat ja Recht. Ich wollte meinen Mann nicht wecken und ihm auch nicht ungefragt an seine Brieftasche gehen. Da kam das Innere Ich auf die Idee den `Klingelbeutel` wörtlich zu nehmen. Vom letzten Jahr hatte ich von der Weihnachtsdekoration noch einen kleinen Stoffbeutel mit einem Elch vorn drauf. Diesen füllte ich mit einer großen Portion Münzen und legte ihn im Gottesdienst in den Korb.

Allein das Gesicht des jungen Mannes, welcher die Kollekte einsammelte war den Spaß schon wert! Er war so herrlich irritiert, weil da auf einmal Gewicht im Teller war. Das Innere Ich quietschte vor Lachen, während ich so tat, als wisse ich nicht, warum er so erstaunt guckt...

Und dann dachte ich mir, dass das doch eigentlich eine hervorragende Möglichkeit ist, die gesammelten Münzen los zu werden!
Und so gehe ich jetzt jeden Sonntag mit einem Beutel klingender Münzen zum Gottesdienst.

Das Innere Ich schaukelt immer noch, singt aber jetzt „Süßer die Münzen nicht klingen…"
Schade, dass man nicht innerlich Ohrstöpsel einsetzen kann!

Fatale Folgen

Heute Mittag war mein Freund, der Pfarrer, zum Essen da. Wie immer war sein Besuch inspirierend, doch heute hatte er fast fatale Folgen.
„Jaja, schreib ihm nur, was er angerichtet hat!" Ruft das Innere Ich beleidigt.
Ich rolle mit den Augen und versuche es zu beschwichtigen. „Er hat es überhaupt nicht böse gemeint."
„Nicht böse gemeint? Er hat gesagt, es wäre ihm gar nicht so wichtig was ich sage, er fände es vielmehr interessanter, was ich TUE, nachdem ich etwas gesagt habe!" Poltert es und tut – nichts.
Es ist unsichtbar und hat sich quasi im Nichts aufgelöst.
„Gedanken und Erkenntnisse von der Qualität eines Diamanten unschätzbaren Wertes werden mit den Füßen getreten, abgelöst von schnöder Flachwitz-Komik!"
Donnert seine Stimme wie die des Herrn durch das Nichts.

„Findest du nicht, dass du das ein klitzekleines Bisschen zu ernst nimmst?"

„Nein." Antwortet es aus dem Nichts.

„Ich würde gern wissen, was du gerade tust." Frage ich.

„Nichts." Antwortet es aus der Dunkelheit.

„Hast du etwa vor, diesen Zustand bei zu behalten?" Frage ich sorgenvoll.

„Ja."

„Hör mal", beginne ich sanft, "ein Drittel des neuen Buches sind bereits fertig. Und darin geht es um dich. Und das Beschreiben deiner phantasievollen Taten und Ideen gehören einfach dazu. Das macht den Leuten Spaß."

„Flachwitzleser." Dröhnt es dumpf.

„Untersteh dich, die Leser zu beleidigen! Das nimmst du sofort zurück!" Fahre ich es an.

„Na gut." Antwortet es zerknirscht.

Ich lasse die angehaltene Luft heraus.

„Und wann gedenkst du dich wieder zu zeigen?" Frage ich.

„Erst wenn er verspricht, auch das zu lesen, was ich sage und nicht nur das, was ich tu."

„Ich werde es ihm ausrichten." Seufze ich.

„Tu das."

Freier Wille

Ich sitze da und stöbere in Bibeltexten, die sich teilweise nicht einig sind, ob Satan nun "gleich" sein wollte oder doch lieber sogar Gottes Chefsessel beanspruchte.

Das Innere Ich kratzt sich nachdenklich an der Nase, auf der eine 70er-Jahre-Nickelbrille sitzt. (Altersweitsicht...) "Wenn doch die Engel nun von Gott gemacht sind, warum hat er sie dann nicht gefügig gemacht?"

"Wie meinst du das?" Frage ich.

"Naja, wenn ich als Pazifist ein Kind in die Welt setze, dann bringe ich ihm ja auch nicht bei mit drei Jahren ein Gewehr zu benutzen und damit auf Leute zu schießen. Warum hat er ihnen nicht beigebracht, wo ihr Platz war?"

Hm..." Denke ich nach, während ich mir einen Kaffee hole. "Vermutlich hat es was mit dem freien Willen zu tun, den er ihnen gegeben hat. Er wollte, dass sie sich ihm von sich aus unterordnen. Dass sie ihm gerne dienen und aus freien Stücken."

Das Innere Ich guckt ziemlich geringschätzig. "Ich dachte bisher, Gott hätte etwas mehr Grips. Aber wenn das stimmen sollte, ist er wirklich naiver als die heulende Hausfrau, die sich darüber beschwert, dass ihr Mann den Müll nie runterbringt."

"Hä?"

"Ja doch, die gibt es ganz oft! Sie plärren vor ihren Freundinnen, dass er ihr nur im Haushalt hilft, wenn sie ihn darum bittet und daran erinnert."

"Und was ist daran falsch, dass der Mann es dann tut?"

Das Innere Ich lacht: "Daran ist grundsätzlich gar nichts falsch. Aber sie will ja, dass er es GERN tut! Und da liegt das Problem: Kein Mensch bringt GERNE den Müll runter. Er tut es, weil er sie liebt - aber GERN? - Nein."

Das leuchtet ein.

"Aber was hat das nun mit dem freien Willen der Engel zu tun?" Frage ich.

"Nehmen wir an ein Drittel der geschaffenen Engel hat ihm wirklich gern gedient, weil sie einfach von ihrem

Charakter her masochistisch veranlagt waren oder ein Helfersyndrom hatten. Ein weiteres Drittel war einfach zufrieden mit ihrer Position und war auch zu faul, um sich mehr Arbeit aufzuhalsen, als sie ohnehin schon hatten. Vielleicht scheuten sie auch die Verantwortung und die Überstunden. Das letzte Drittel allerdings waren ebenfalls Führungscharaktere und strebten aufwärts. Und damit wird die ganze Sache da oben ziemlich logisch."

"Gar nicht schlecht... Dann wäre es also der `freie Wille`, der den Charakter in den Grundfesten ermöglicht." Murmele ich und zermatsche die Mücke, die mich heute Nacht mehrmals gestochen hat.

"Warum hast du das getan?" Fragt das Innere Ich bestürzt.

"Weil der kleine Blutsauger mich gestochen hat!" Erwidere ich grimmig.

"Und du meinst, dass das Leben dieses Tieres weniger Wert hat, als dein eigenes? Womit maßt du dir an über das Leben eines anderen Geschöpfes Gottes willentlich zu entscheiden?"

Ich bin irritiert und stottere: "Äh, darüber habe ich noch nie nachgedacht..."

Das Innere Ich hat plötzlich Springerstiefel an und tritt mir mit voller Wucht in den Bauch. Der Schmerz ist stechend und gewaltig und lässt mich in die Knie gehen. Heulend hocke ich gekrümmt auf dem Wohnzimmer-Parkett. "Bist du bescheuert?" Jammere ich. "Warum hast du das gemacht?"

Das Innere Ich verschränkt die Arme vor der Brust und schaut mich nur ernst an. Dann zuckt es mit den Schultern und meint: "Freier Wille."

Fuß-Note

Heute ist ein Schontag. Gestern habe ich mit den Kindern aus Jakobs Schulklasse für die Lehrer gekocht. Das war eine durchaus spaßige Angelegenheit – aber eben auch sehr anstrengend. Immerhin war es ein sehr aufwändiges 5-Gänge-Menü mit einer aufgeregten 13 köpfigen sechsten Klasse. Das kostet eine Menge Energie.

Und, weil morgen die große Abschiedsparty bei uns daheim steigt, ruhe ich mich heute aus. Keine Hausarbeit, kein Kochen. Einfach ein rundum Verwöhnprogramm.
Das Innere Ich horcht beim letzten Satz auf und strahlt.
„Nein." Sage ich vehement. „Denk gar nicht dran. Ich werde auf keinen Fall noch einmal in Milch baden!"
Der Gesichtsausdruck sagt mir, dass ich genau richtig lag.
„Lakritze?" Fragt es mit bittendem Tonfall.
„Ich werde auch nicht in Lakritze baden!" Wehre ich ab.
„Nicht baden – essen." Das Innere Ich rollt mit den Augen.

Ich werfe zwei Lakritzen in den Mund, genieße den herben Geschmack, der sich immer weiter auf der Zunge ausbreitet und bestaune meine nackten Füße, die in etwa anderthalb Metern mit dem großen Zeh wackeln.
Diese zwei Körperenden tragen mich nun schon seit so vielen Jahren durch die Welt. Mal mit leichtem, mal mit schwerem Gang. Mal barfuß, mal beschuht.
Sie haben mir noch nie den Dienst verweigert, mich immer weiter nach vorn gebracht, nie aufgegeben.

Sie sind auf Menschen zugegangen und vor ihnen davon gelaufen. Sie haben getanzt und auch mitunter wütend aufgestampft. Sie haben zärtlich an anderen Beinen gerieben aber sie haben niemals jemanden getreten.

„Wenn man es recht bedenkt, dann bekommen sie irgendwie viel zu wenig Beachtung für die Leistung, die sie bringen." Meint das Innere Ich anerkennend.
Ich nicke und gönne den Zehenträgern eine dankbare Massage.

Was für eine herrliche Ruhe! Ich liege faul auf dem Sofa und schaue aus dem Wohnzimmerfenster. Das Innere Ich hat sich losgelassen und schwebt schwerelos in einer unendlichen Weite. Ab und zu greift es nach etwas und frisst es auf.
„Was machst du da?" Frage ich träge.
„Einen Gedankenspaziergang." Erwidert es träumerisch, setzt einen Wanderhut mit Gamsbart auf und schwingt munter den Spazierstock. „Und immer, wenn ich an guten Gedanken vorbei komme, pflücke ich mir einen."
„Und warum frisst du sie auf?" Will ich wissen.
„Weil sie unterschiedlich schmecken." Es greift wieder ins Nichts und zieht den Gedanken durch die Zähne. „Im Sommer barfuß ganz früh am Morgen durch nasses Gras laufen. Nicht warm, nicht kalt. Angenehm nass und es kitzelt an der Haut. Dieser Gedanke schmeckt nach Nüssen, Himbeeren und Rucola."
Ich muss schmunzeln. „Dann hast du sozusagen das Leben auf der Zunge."
„In der Tat. Und es schmeckt verdammt gut!" Lacht es und verlangt nach einem weiteren Lakritz.

Ganz früh

Wenn man sich beim Sport total verausgabt, danach noch drei Stunden lang seiner Kochlust frönt und nach dem Essen die Küche putzt, wundert man sich nicht wenn einem kurz nach der Tagesschau um 20.00 Uhr die Augen zufallen.
Der Nachteil am frühen Schlafengehen ist allerdings, dass man morgens um halb 5 Uhr geweckt wird weil das Innere Ich eine Discokugel angeschaltet hat, das Radio auf maximale Lautstärke stellt und mit einem Baströckchen Samba tanzt.
Um es kurz zu sagen: Es ist wach...

Jakob hat seinen Kumpel zum Übernachten da und da beide noch schlafen (verständlich!) schleiche ich mit Socken durch die Wohnung. Ein Blick in den Kühlschrank verrät mir augenblicklich, dass Milch und Joghurt fehlen und hier zeigt sich ganz unschlagbar der Vorteil der 24-Stunden-Läden, deren Notwendigkeit sich mir vorher immer entzogen hat.
Klar, extra für Leute, die nur nachts einkaufen können!
Weil Sankt Petersburg voll ist von Extremsportlern und Extremkochern, die morgens um halb 5 Uhr einkaufen gehen wollen.
„Kann es sein, dass du noch nicht aufstehen wolltest?" Fragt das Innere Ich.
„Wie kommst du darauf?" Brumme ich.
„Weil du so muffelig bist. Und dadurch totalen Quatsch schreibst." Stellt es fest.
„Hmpf." Entgegne ich und ziehe mir die Winterstiefel an.

Auf der Straße ist es stockdunkel (was für eine Überraschung...) und gespenstische Stille liegt über dem

76

sonst so bewegtem Asphalt. Ich höre den Tropfen zu, wie sie von den Dachrinnen hinunter auf die Erde tropfen und muss unwillkürlich lächeln, weil ich fast eine Melodie heraus höre.

Im Gegensatz dazu röhrt der Abschleppwagen seinen tuckernden Bass dazu und mir tun die Menschen Leid, welche in dem Haus wohnen, vor dem der Wagen steht. Bei der Lautstärke werden wohl noch weitere Anwohner zum Einkaufen gehen.

Das Innere Ich pfeift vergnügt vor sich hin und genießt es sichtlich, allein in der Straße zu sein (bis auf den überlauten Abschleppwagen...). Die Luft ist mild und die, von den Lichtern der Stadt angestrahlten Wolken jagen über den schwarzen Nachthimmel dem kommenden Tag entgegen. Um diese Uhrzeit fühlt sich die Stadt plötzlich ganz anders an.

Im Laden wecke ich den Mann an der Kasse. Was soll er auch anderes machen um diese Uhrzeit, als zu schlafen? Ach herrje, ich muss ihn richtig an der Schulter rütteln, um ihn zu wach zu kriegen! Das ist das erste Mal, dass ich ein schlechtes Gewissen habe, meine Waren zu bezahlen!
(Das Innere Ich pfeift betont unschuldig)

„Wir könnten noch eine Runde durch den Park drehen!" Schlägt das Innere Ich begeistert vor.
„Abgelehnt." Erwidere ich bestimmt und stapfe zurück zur Wohnung. „Ich will jetzt einfach eine große Tasse Kaffee. Und mit der setze ich mich an den Rechner, schaue die emails durch und dann werde ich wohl aufschreiben, warum ich heute Morgen so früh aufgestanden bin."
Das Innere Ich schweigt und grinst.

Die zehn Gebote

Mein Freund, der Pfarrer, weilt in seinem verdienten Winterurlaub und so durfte ich noch einmal seinen Religionsunterricht an der Deutschen Schule vertreten. Es sollte um das Gleichnis mit dem Sämann gehen und da es dabei um Gottes Wort geht, welches in den Menschen aufgehen soll, habe ich die zehn Gebote noch mit dazu genommen.
Nun ist es allerdings etwas trocken und langweilig, diese vorzulesen und dann zu verlangen, diese auswendig zu lernen.

„Außerdem sind sie eh nicht mehr ganz zeitgemäß." Meckert das Innere Ich. „Wenn ein Vater sich an seiner Tochter vergeht, dann sehe ich keinen Grund, warum sie ihn ehren sollte."
„Oh, sind wir heute auf Krawall gebürstet?" Frage ich erstaunt.
„Pfff." Macht es und steckt sich ein Lakritzbrot in den Mund.

Übrigens gibt es in Amerika (zumindest im Bereich New York, Washington, Las Vegas und Los Angeles) keine salzige Lakritze! Das habe ich bei unserem Urlaub herausgefunden. Und es ist mir schleierhaft, wie das Land der unbegrenzten Möglichkeiten auf ein so fundamental wichtiges Lebensmittel verzichten kann!

„Du lenkst vom Thema ab." Erinnert das Innere Ich.

Stimmt. Wo war ich noch gleich – ach ja…
Um das Thema ein wenig aufzupeppen bitte ich meine Schüler also, sich mal Gedanken zu machen, was sie

denn wohl für Gebote an die Menschheit geben würden, wären sie gerade Gott.

Das ist nun keine leichte Sache, da die Schüler im Allgemeinen mit der Allmacht Gottes noch keine großen Erfahrungen haben, versuchen aber mit dem nötigen würdevollen Gesichtsausdruck doch etwas elementar Wichtiges für die Menschheit zu Papier zu bringen.

„Wenn man genau hinschaut, dann glüht bei dem Einen oder Anderen bereits ganz fein ein Heiligenschein über den Struwwelhaaren." Grinst das Innere Ich.

Beim Einsammeln kann ich mir ein Schmunzeln nicht verkneifen. Einer war so angespannt bei der Sache, dass er glatt das Wörtchen „nicht" vergessen hat und so lautete sein Gebot:

„Du sollst Menschen quälen!"

„Guck mal an, wie wichtig manchmal die ganz kleinen Wörter sind... Wenn das in den Übersetzungen der Bibel auch passiert ist, weiß ich, wie das Zölibat entstanden ist." Kichert das Innere Ich.

Ein anderes Kind möchte: „Du sollst die Umwelt schützen."

Und hier merkt man, dass wir in Russland sind: „Du sollst keine Tiere aus Spaß töten (Echtpelz)!"

„Ob das Mädchen, welches dieses Gebot geschrieben hat, das auch in ein paar Jahren noch möchte, wenn es mit sehnsüchtigem Blick vor einem modischen Mantel oder den supertollen Lederpumps steht?" Das Innere ich trägt High Heels, einen Ledermini und einen Nerzmantel und lässt eine Kroko-Handtasche hin und her schwingen.

Am besten gefällt mir aber folgendes Gebot: „Du sollst aus Respekt und Achtung vor Anderen dein Handy ausmachen!"

Ob die Kurzzeitgötter sich wohl auch selbst an ihre Gebote halten?!

Amtsmissbrauch

Heute feiern wir unsere Abschiedsparty in Sankt Petersburg. Freunde und Bekannte, welche uns in den letzten zweieinhalb Jahren hier begleitet haben, werden nun zum letzten Mal unsere Gäste sein.
Ein ganz hervorragender Grund, noch einmal einen richtigen Kochtag einzulegen.
Die obligatorischen Speisen wie Chili con Carne, Afrikanische Suppe, Glasnudelsalat und frischer gemischter Salat stehen bereits auf dem Tisch.
„Es reicht." Meint das Innere Ich.
„Mitnichten! Mein Ziel ist es doch den Inhalt der Schränke weg zu kochen!"
„Das meine ich nicht. Mir war daran gelegen, zu erinnern, dass das die Leser nicht interessiert. Es ist langweilig, wenn du schreibst, was du kochst." Frotzelt es.
Ich überlege kurz, ob ich beleidigt sein sollte und finde dann, dass es vermutlich Recht hat.

„Hör mal", meint das Innere Ich und entkorkt einen gefüllten Glasballon Lakritz-Wein. „Letzten Sonntag hatten wir es in der Predigt mit der Hochzeit von Kanaan.

Da hat die Mutter gesagt: `Hui, der Wein ist alle. `, darauf meinte Jesus: `Weib, zieh Leine, das geht dich nichts an!`. Und dann hat er das Wasser in Wein verwandelt, damit die Feiergesellschaft nicht auf Alkohol verzichten musste."

Ich mache eine kurze Kochpause, lege die Füße hoch und verstehe noch nicht so ganz auf was es eigentlich hinaus will. „Ja, und?" Frage ich.

Das Innere Ich tapst ungeduldig mit dem Fuß auf. „Naja, nett ist das ja wohl nicht, wenn man die Mutter so anschnauzt. Und dann die Copperfield-Zauber-Nummer mit dem Wein. Hatte er das wirklich so nötig, dass er „beweisen" musste, dass er Gottes Sohn ist und Wunder tun kann? Und dann so...."

„Wie `so`?" Frage ich nach.

„In dem Bibeltext steht nicht, dass er innig gebetet oder seinen Vater sonstwie in die Magier-Szene involviert hat. Er hat es einfach so gemacht – zack!" Es schnippt ärgerlich mit den Fingern.

Ich schmunzele: „Warum regst du dich darüber so auf?"

„Weil ich es ziemlich dämlich finde, dass er seine göttlichen Fähigkeiten bei einer Saufgesellschaft wie eine billige Zirkusnummer preisgibt und damit zum Angeber des Abends wird."

Es wedelt ein bisschen mit den Armen und ruft dann: „Ätsch, guckt mal, ich kann Wasser zu Wein machen, darum bin ich Gottes Sohn und ihr könnt das alle nicht!"

Es nimmt einen großen Schluck Lakritzwein, rülpst ein paar schwarze Seifenblasen und flüstert gefährlich leise: „Das ist sozusagen `Amtsmissbrauch`. „

Ich räkel mich auf dem Sofa und gähne. „Vielleicht hat er aber auch einfach mal Lust gehabt, mit den Leuten zu feiern und ganz schlicht große Lust auf Wein."

Das Innere Ich stutzt kurz, zuckt dann die Schultern und fragt: „Dann meinst du, ich sollte über das Spaßwunder einfach hinwegsehen und ihm nachträglich einfach die Freude an dem Fest gönnen?"
„Ich denke schon." Antworte ich mit Nachdruck. „Immerhin zeigt es den Menschen, der er war und auch, dass Religion nicht immer bierernst zu nehmen ist, nicht immer still und in sich gekehrt und vergeistigt."
„Es könnte ja sein, dass der Heilige Geist auch mit dabei war." Überlegt das Innere Ich versöhnt. „So könnte der `Weingeist` entstanden sein!"

Interessanz

Das Innere Ich hat eine riesige Portion Popcorn mit Lakritz-Geschmack auf den Knien und sitzt entspannt in einem Plüsch-Ohrensessel und schaut den Film „Papa ante Portas" von und mit Loriot.
Dies ist nämlich einer seiner absoluten Lieblingsfilme und es spricht den kompletten Film über den Text mit. Sehr anstrengend, falls man mitschauen möchte...
„Ich kann es auch rückwärts mitsprechen!" Flötet es und sagt mit Loriot: „Gatstrubeg tpuahrebü nned tah rew?"
Im Film dreht sich Evelyn Hamann auf der Treppe um und ruft im Brustton der Empörung: „Rettum eniem!"

Ich schüttle den Kopf: „Du hast echt manchmal ein Rad ab..." Seufze ich.

„Mag sein." Sinniert das Innere Ich ehrfurchtsvoll. „Aber Loriot war genial. Vielleicht sogar noch genialer als Einstein."

„Hä?" Mache ich. „Jetzt übertreibst du aber ein bisschen viel!"

„Das Übertreiben", sagt es mit wichtiger Miene, „ist ein von mir durchaus gewolltes Stilmittel. Es erhöht den Lesewillen des Publikums und steigert deutlich die Interessanz der Texte und Aussagen."

„Moment mal." Spotte ich. „Das Wort Interessanz gibt es überhaupt nicht. Sagt auch mein Rechtschreibprogramm."

„Jetzt schon." Erwidert es leichthin und füttert nebenbei einen Regenbogen mit Erdnüssen. „Einmal ausgesprochen ist es da. Wie etwas, das neu geboren wurde. Es ist hier im Jetzt und Sein. Und auch, wenn es nie von Anderen benutzt wird. Wenn es nie seinen Weg in ein Wörterbuch findet. Selbst, wenn es niemals Jemand hören würde, so ist es doch entstanden und mit dem Aussprechen unwiderruflich da." Es macht eine bedeutungsvolle Pause und setzt dann hinzu: „Ich denke und sage es, also ist es."

„Es muss aber trotzdem `Interesse` heißen, wenn es richtig sein soll." Maule ich. Immerhin versuche ich, so gut ich es vermag, die Deutsche Sprache zu bewahren!

„Richtig oder falsch – was heißt das im Sprachgebrauch schon? Wenn eine Mutter ein Kind geboren hat, warum darf sie nicht noch mehr Kinder bekommen, die alle den gleichen Nachnamen haben? Aber jedes unterscheidet sich doch ein kleines Bisschen vom Geschwister. Und seien wir doch ehrlich: Eine Sprache lebt doch von der Benutzung und dem Einführen neuer Wörter und Redewendungen."

Ich hebe verzweifelt die Hände zum Himmel: „Argh, aber warum musste man zulassen, dass im Duden jetzt `Pizzas`, `Atlasse` und `Globusse` steht? Sowas tut mir in meinem Sprachzentrum weh!"
Das Innere Ich schaut betroffen: „Oh, verübelst du mir das?"
Ich starre es einen Moment lang völlig baff an. „Du warst das?" Meine Stimme hat einen ziemlich hohen, quietschenden Beiklang.
Das Innere Ich grinst von einem Ohr zum Anderen, dann fängt es laut an zu lachen, bewirft mich mit einer Handvoll Lakritz-Popcorn und gluckst: „Quatsch, war nur `n Witz! Na los, lass uns was kochen, Funkenflink! Das erhöht deutlich die Interessanz dieses Tages!"

„Ja", grolle ich und stapfe in die Küche. „Heute gibt es Buchstabensuppe!"

Interaktives Lesen

„Es wird Zeit, sich über das Bewusstsein Gedanken zu machen." Sagt das Innere Ich. Es hat einen weißen Gymnastikanzug an, ein Tütü um die Hüften und balanciert mit elegant ausgebreiteten Armen auf einem Stahlseil unter einem Zirkuszelt.

„Ich habe Höhenangst und mir wird gerade schlecht." Erwidere ich und versuche nicht hin zu schauen.

Stattdessen schiele ich auf meinen Wecker.

„Ey, es ist 4 Uhr früh!" Quengle ich.

„Richtig. Und es ist Nikolaus." Sagt das Innere Ich. „Du wolltest, dass ich dich wecke, damit du die Schuhe befüllen kannst."

„Ach ja...." Ich quäle mich leise aus dem Bett und tappse barfuß durch die Wohnung.

Der 6. Dezember bedeutet Nachtschicht für Mütter.

Leider bin ich nach dieser heroischen Tat wach.

Na, toll.

„Wegen dem Bewusstsein", beginnt das Innere Ich erneut, „ist dir schon mal der Gedanke gekommen, dass wir uns zu wenig selbst wahrnehmen?"

Ich ziehe die Augenbrauen in die Höhe. „Also, ehrlich gesagt kann ich mir dieses bei dir nicht wirklich vorstellen."

„Dann frage dich mal, wann du dir das letzte Mal an deine Nase gefasst hast." Sagt es triumphierend.

„Hä?" Mache ich.

„Im Ernst. Jeder schaut jeden Tag in den Spiegel. Die Frauen schminken sich, kümmern sich um Haut, Augen, Lippen, stecken Schmuck in die Ohren, zupfen sich die Brauen, putzen sich die Zähne und geben viel Zeit in eine hübsche Frisur. Nur die Nase, die wird übergangen und ignoriert. Dabei ist sie die Mitte unseres Gesichtes. Wann also hast du sie das letzte Mal befühlt mit deinen Fingerspitzen?"

„Ich, äh..." Stottere ich, denn ich habe keine Ahnung, ob ich das überhaupt schon jemals gemacht habe. „ Beim Schnäuzen?"

„Nein. Ich meine bewusst." Sagt das Innere Ich.

Ich fasse meine Nase also an und merke, dass es sich fast fremd anfühlt. Dabei war sie schon immer da und hat mich all die Jahre mit Luft und Gerüchen versorgt. Naja, zumindest so lange, bis der Geruchssinn sich verabschiedet hat. Ich taste den Knochen des Nasenrückens, die Flügel und die gnubbelige Spitze.
„Schön, dass ihr euch auch endlich mal kennengelernt habt." Seufzt das Innere Ich ungeduldig. „Was glaubst du, wie viele Leser jetzt an ihre Nase gefasst haben? Oder zumindest kurz gezuckt haben, sich dann aber beherrschten?"
Ich muss grinsen.

Das Innere Ich ist aber schon weiter und spaziert barfuß über einen Sandstrand.
„Und wann hast du zum letzten Mal deine Füße bewusst wahrgenommen? Sie tragen uns durchs Leben, halten das ganze Gewicht, sind unsere Mobilität."
Und tatsächlich, plötzlich fühlt sich der Boden unter meinen Füßen ganz anders an. Ich wackle mit den nackten Zehen und es hat fast ein bisschen das Gefühl von Freiheit.

„Und deine Finger?" Fragt das Innere Ich gespannt. „Wie fühlen sich deine Finger an, die so viel begreifen, die diese Geschichte schreiben, die nicht nur Werkzeug sind, sondern Empfindungen vermitteln, wenn sie über Haut streicheln. Wenn du sie beim Beten ineinander schlingst, wie fühlt sich das an?"
Ich fühle ganz tief in meine Hände hinein und auch hier fühlt es sich auf einmal viel intensiver an. Ich nehme meinen Körper plötzlich viel stärker wahr.

„Bewusster." Verbessert das Innere Ich. Und dann grinst es breit. „Wetten, dass die Leser dieser Geschichte ebenso auf ihre Nase, ihre Füße und ihre Finger geachtet und sie gefühlt haben? Wetten, dass die Meisten auch mit den Zehen gewackelt haben?"
Das kann ich mir gut vorstellen und grinse auch.

„Und weißt du was?" Ruft das Innere Ich. „Das ist auch gut so, denn nur so machen sie sich bewusst, was für ein Wunderwerk Körper Gott uns da geschenkt hat! Das sollte man sich ab und zu mal bewusst machen."

Es kichert munter und der Schalk blitzt ihm in den Augen. „Das war jetzt, sozusagen, ein interaktives Lesen."

Ich gähne. Es ist halb sechs Uhr früh. Es ist Samstag. Langsam geht der Kreislauf wieder in einen Ruhemodus über. Auch das Innere Ich streckt und räkelt sich und rollt sich dann in einer Hängematte unter einer großen Eiche zusammen.
Und während ich mich wieder in meine Bettdecke kuschle stelle ich fest, dass da noch die Restwärme von vorhin ist – herrlich!

Guten Appetit!

Nach dem Putztag ist endlich alles wieder sauber und um diesen Zustand wenigstens ein kleines Weilchen zu halten, wird es heute Abend nur eine Kleinigkeit geben. Schinken ist im Kühlschrank, Eier und Brot haben wir auch. Also habe ich beschlossen, mal einen „Strammen Max" zu servieren.

Das Innere Ich hält sich prustend den Bauch.

„Was ist los?" Frage ich erstaunt.

„Ist dir schon mal aufgefallen, dass Jemand, der dieses Gericht nicht kennt, allein bei dem Namen auf eine ganz andere Idee kommen könnte?"

„Äh..." Mache ich etwas dämlich.

„Nimm doch mal nur den Namen und lass die Erwähnung der Lebensmittel und des Dinners weg." Stubst es mich gedanklich an und ich spüre, wie ich rot werde.

„Haha." Ich schüttle den Kopf und grinse. „Manchmal bist du echt peinlich primitiv."

„Jepp." Gluckst es. „Und das macht manchmal Spaß. Zum Beispiel, wenn man sich dazu `Grünkohl mit Pinkel` vorstellt."

Aber es gibt ja jede Menge Namen von Gerichten, die als Name an sich betrachtet, doch irreführend sein können.

„Tote Hexe" zum Beispiel, ein bekanntes Gericht aus Tallin.

Die Norddeutschen essen gerne „Kalte Schnauze". Und in der Rheingegend gibt es die „Tote Oma" auf den Teller.

Kannibalisch geht es auch mit den „Hamburgern" zu!

Wenn ein Ausländer sich diese Sachen übersetzt, wird ihm wohl eher der Appetit vergehen.

„Bergbauernmilch..." Kichert das Innere Ich.

„Mäusespeck...Oder auch `Kronfleisch – ein königlicher Genuß`."

„Bubespitzle." Fällt mir ein.

„Pupscreme!" Das Innere Ich ist schon ganz rot vor Lachen. „Besoffene Jungfern. Außerdem hätte ich noch einen Armen Ritter in der Pfanne."

Langsam bekomme ich auch Spaß daran: „Dann ist das Lieblingsessen von meinem Freund, dem Pfarrer, vermutlich `Himmel und Hölle`."

„Nicht schlecht." Meint das Innere Ich. „Ganz vorne mit dabei sind aber auf jeden Fall die `Priesterwürger`, die schwäbischen `Nonnenpfürzle`, die `Herrgotts-Bescheißerle` und `Seelenkuchen`. Vielleicht sollten wir ihm das am Freitag vorsetzen? Das wäre dann das `Pfarrer-Menü`."

„Eine ganz hervorragende Idee!" Rufe ich begeistert. „Wird eh mal wieder Zeit, dass mal wieder zünftig schwäbisch gekocht wird."

Ghost-Writer

Mein Freund, der Pfarrer, hat viel zu tun. So viel, dass die Zeit zum Schreiben der Predigten knapp ist. Und, weil wir uns oft und gerne über „Gott und die Welt" unterhalten, fragte er, ob er meine geschriebenen Gedanken für seine Predigten verwenden dürfe.
Klar darf er.
(Ganz breites Grinsen) Dann wäre ich sozusagen sein "Ghost-Writer". Das wäre auf jeden Fall mal ein spannenderer Beruf als: "Ich bin Hausfrau."

Das Innere ich fängt an zu kichern: „Man stelle sich mal folgende Situation vor!":

"Was machen Sie denn beruflich?" Fragt der Herr/Dame im schicken Business-Anzug bei dem Treffen der Deutschen Runde während er (ganz Geschäftsführer oder sonstiges hohes Tier, mit einer Hand leger in der Hosentasche) geheucheltes Interesse bekundet.
"Ich bin Ghost-Writer für die evangelische Kirche." Antworte ich, als wäre dieser Beruf das Selbstverständlichste der Welt. Als gäbe es überall in den Familien Hausfrauen, die nebenher Predigten schreiben.

"Ach?" Sagt der Geschäftsmann oder die Quotenfrau der bekannten Firma und tippt unsicher mit dem Ringfinger (an dem natürlich ein furchtbar teurer Stein funkelt, den ich bereits etwas neidisch auf seinen Karat geschätzt habe) an das Glas in seiner/ ihrer Hand.
Ich sage nichts, schweige einfach und schaue ihnen gerade in die Augen.

"Ach. Ja." Sagt das Gegenüber noch einmal, weil ihnen in diesem Moment vermutlich nicht viel Sinnvolles einfällt und sie noch überlegen, ob ich sie einfach nur auf den Arm nehme. Irgendwann wird ihnen aber ihre Unsicherheit peinlich und sie versuchen irgendetwas Witziges oder Spöttisches hinterher zu schießen.
(Obwohl natürlich jeder weiß, dass sie sich damit nur blamieren können, weil dann klar ist, dass sie vorher überrumpelt waren und nicht Herr der Situation!)

Sie grinsen dann und sagen Sachen wie: "Sind die Kirchen jetzt schon durch die ganzen Kirchenaustritte finanziell so geschwächt, dass sie mit ihren Predigten in den Entertainment-Sektor gehen müssen?"

Ich bleibe freundlich und schaue ihnen immer noch in die Augen. In meinem Tonfall hört man nicht die Spur eines Tadels: "Im Grunde genommen geht die Kirche solche Verluste vermutlich finanziell günstiger an. Denn während große Firmen sich andere Firmen als Berater ins Haus holen, die für viel Geld alles umstellen und sich hinterher herausstellt, dass diese Umstellung der angeschlagenen Firma den finanziellen Ruin brachte, geht die Kirche das Problem selbst an. Durch gute Predigten und dem Nah-Sein an der Gemeinde holt sie vielleicht einige verlorene Schafe wieder zurück."

Ich mache eine kleine aber wirkungsvolle Pause, in der mein Gegenüber selbstverständlich daran erinnert wird, dass auch seine Firma eine Consulting-Firma angeheuert hat.
"Man könnte also sagen, dass die Kirche den finanziell wirkungsvolleren Weg geht."

Dann wird er/sie wohl versuchen, das Gespräch abzuschließen, in dem man auf den finanziellen Vorteil der eigenen Position pocht:
"Tja - aber für einen `Gotteslohn` arbeiten lohnt sich ja nu nicht so wirklich!" (selbstgefälliges Lachen und Beifall heischendes Umblicken zu den Kollegen)
Ich werde lächelnd mein Glas erheben, ihm/ihr zuprosten und antworten: "Wenn wir Beide irgendwann vor der Himmeltür stehen werden wir sehen, welcher Lohn sich wirklich auszahlt. Bekanntlich hat das letzte Hemd nämlich keine Taschen."
...

Danach werde ich mir einen anderen Gesprächspartner suchen, weil ich mich nicht so gern mit Arschlöchern unterhalte.

Wenn ich es mir so recht überlege, dann werde ich wohl doch nicht erzählen, dass ich Ghost-Writer für die evangelische Kirche sei...

Gerne!

Ich habe meinem Freund, dem Pfarrer, von dem Inneren Ich erzählt und irgendwann schrieb er einen Brief mit dem Gruß: „Liebe Corinna, verehrtes Inneres Ich!"

"Hast du gesehen, er hat mich in die Begrüßung eingeschlossen!" Ruft das Innere Ich und stößt mich begeistert mit dem Ellenbogen in die Rippen.

Ich rolle mit den Augen. "Zum Glück bist du ja nicht schon genug eingebildet..."

"Haha," grinst es, "cooles Wortspiel! Manchmal kann man bei dir leise intellektuelle Züge erkennen."

"Was soll das heißen?" Frage ich.

"Das du nicht ganz doof bist." Sagt es.

"Danke." Seufze ich resigniert.

"Bitte." Antwortet es. "Gerne."

Oh, wie ich dieses "gerne" verabscheue! Jeder meint inzwischen es sei das Wort der Erlösung um aus der Service-Wüste Deutschland aufzusteigen in das ewige Himmelreich der guten Dienstleister! Das gehört dazu, wie das "Gesundheit" schreien, wenn einer niest. (Das

Innere Ich niest). Dabei kann ich das "Gesundheit" aber noch verstehen, weil es versinnbildlichen soll, dass man dem armen, kranken Tropf wünscht, bald wieder gesund zu sein. Es soll zeigen, dass man Anteil nimmt und ihn wahrnimmt in seinem Leiden.

Aber "gerne"?! Damit würde man höchstens ausdrücken, dass man "gerne" dient. (Und das mit dem "gerne" dienen hatten wir ja neulich schon...)

"Die Menschen sind nun mal so. Ihre herausragensten Eigenschaften sind ihr Herdentrieb und das Mitblöken bei gleichzeitigem Ausschalten des eigenen Denkens." Meint das Innere Ich und stopft sich eine Banane in den Mund.

"Jau", pflichte ich ihm bei. "Man merkt eben doch ab und zu, dass wir mit den Primaten dieselben Wurzeln teilen..."

Ich werde jedenfalls dagegen halten und jedes Mal "Mit Freude und sofort!" rufen, wenn mich jemand um etwas bittet. Aber ich fürchte, diese subtile Ironie werden die Wenigsten bemerken.

"Aber es wäre lustig." Grinst das Innere Ich.

"Stimmt." Sage ich und grinse auch.

Eine zündende Idee

Wenn ich mir vorstelle, eine Firma gründen zu wollen und diesem Kind einen Namen geben müsste, dann würde ich einen wählen, der dem Gründer ein Denkmal setzt oder aber das Produkt bereits im Namen positiv unterstützt…
Wie die Firma Bosch. Oder „Apetito" für Fertiggerichte.
Aber wenn man eine Wasseraufbereitungsanlagenfirma in Russland, welche früher militärische Massenvernichtungsmittel hergestellt hat und ansonsten für ihre Rüstungsproduktion bekannt ist „Stupino" (Stupido= dumm; `ino= Verniedlichung; also „Kleines Dummchen") nennt, dann muss ich einfach lachen!

Das Innere Ich steht vor einem Geschäft auf einer Leiter und nagelt ein großes Firmenschild an die Hauswand, darauf steht:
„Innovationsberatung Molotow - immer eine zündende Idee"
Es grinst und zwinkert mir zu: „Damit hat man die Zielgruppe doch sofort motiviert."

Ich bin beeindruckt. „Man könnte auch eine Sicherheitsfirma aufmachen und sie
`C&A -Circulus Agressus` nennen." Gebe ich dazu.
„Jaha! Die sollen dann die Polizisten bei Demonstrationen der Hooligans und Rechten unterstützen." Es grinst hinterhältig. „Und C&A kaufen dann ihr Equipment bei mir ein."

„Klingt nach einem machbaren Buisness-Plan." Stimme ich zu. „Die Sache hat nur einen Haken."
„Welchen?" Fragt das Innere Ich.

„Der Firmenname C&A ist geschützt."

Das Innere Ich zuckt mit den Schultern. „Schade." Sagt es und wirft eine Brandflasche über die Schultern, welche sofort hochgeht und das Geschäft in Brand setzt.

Einfach mal Blödsinn machen

Es wird Zeit, wieder ein wenig mehr zu arbeiten, sonst wird das Buch nie fertig. Das Innere Ich setzt sich artig an einen Schreibtisch und legt die Finger auf die Tasten des Laptops.

„Und?" Fragt es. „Welches Thema?"

„Weiß nich." Sage ich und zucke die Schultern. „Weihnachten vielleicht?"

„Pfff... Viel zu ausgelutscht." Winkt es ab. „Außerdem würdest du dann eh nur verraten, was du deinem Mann zu Weihnachten schenkst."

„Zum Geburtstag. Weihnachten schenken wir uns nix." Korrigiere ich.

„Egal." Meint es. „Die Armbanduhr ist trotzdem schön."

Ich schlage mir mit der flachen Hand vor die Stirn...

„Upps," macht das Innere Ich, „tschuldigung."

Draußen ist es Nachmittag aber dunkel und bewölkt.

„Du könntest rausgehen und die Leute ärgern."

„Hä?" Mache ich verständnislos.

Das Innere Ich grinst schelmisch. „Ja, doch. Du könntest zum Beispiel in ein Waffengeschäft gehen, mit einem Messer rumspielen und den Verkäufer fragen, wo es die Anti-Depressiva gibt."

„Das hast du hoffentlich irgendwo gelesen?" Frage ich erschrocken.

Es nickt. „Im Netz."

„Abgelehnt." Sage ich. „Außerdem bin ich froh, dass ich keinen Hund habe, sonst müsste ich bei dem Wetter zwangsläufig Gassi gehen."

Ich ziehe mir die Kuschel-Strickjacke und die dicken Wollsocken an, die meine Schwiegermutter mir zu Weihnachten gestrickt hat. Das ist genau das richtige Wetter für einen Winter-Tee.

„Und Ingwer-Stäbchen mit Schokolade!" Begeistert sich das Innere Ich.

„Haben wir nicht im Haus."

„Die kann man bestimmt selber machen."

Na gut, ich suche ein Rezept und stelle fest, dass ich auch keine Schokolade im Haus habe.

„Ich WILL aber Ingwer-Stäbchen. Und zwar HEUTE!" Schreit das Innere Ich.

Und ich weiß, dass es zwecklos ist, sich dagegen zu wehren...

Das Innere ich grinst breit: „Dann müssen wir wohl doch noch raus. Zwangsläufig..."

Ich seufze, ziehe Socken und Strickjacke wieder aus und dafür den Mantel und die Winterschuhe an.

Schon fast auf der Straße, flüstert mir das Innere Ich etwas ins Ohr und ich steige die 70 Stufen zur Wohnung noch einmal hinauf und hole etwas.

Bis zum Laden ist es ja nicht weit und, wie zu erwarten war, ist es ziemlich voll. Hinter mir ist bereits eine Warteschlange. Ich gebe der Kassiererin die Tafel Schokolade während das Innere Ich sich aus lauter Vorfreude schon die Taschentücher in den Mund steckt, denn wir müssen jetzt ganz ernst bleiben.

Aha. 86 Rubel möchte sie haben. Und bekommt sie - in 1-Rubel-Münzen.

Hach, manchmal macht es Spaß, einfach mal Blödsinn zu machen!

Seelsorge

Wenn man mit einem Pfarrer befreundet ist, dann hört man das Wort „Seelsorge" des Öfteren.
„Ist doch prima!" Juxt das Innere Ich. „Wenn sich der Seelsorger Sorgen um meine Seele macht, dann brauche ich das nicht mehr zu tun und könnte eigentlich viel hemmungsloser leben."
„Noch hemmungsloser?!" Frage ich skeptisch.
„Klar." Meint es. „Wenn er sich um meine Sorgen kümmert, dann bin ich doch quasi sorglos."
„Deine Einstellung macht mir aber echt langsam Sorgen." Meine ich.
„Pfff!" Macht das Innere Ich und grinst breit. „Gib sie ihm, dann haste Ruhe."

Ich denke ein wenig darüber nach. Wäre das nicht eine Art Ablassbrief, wenn man seine Sorgen bei einem Geistlichen ablädt und dann beschwingt und befreit weiterlebt?
Ob es wohl Menschen gibt, die das so sehen und wollen?
„Gedanken zu Teilen und sich auszusprechen beheben aber meist die Ursache der Sorgen nicht." Gibt das Innere Ich zu bedenken. „Es würde also nichts nützen, die Hilfe eines Seelsorgers in Anspruch zu nehmen,

wenn man nicht wirklich gewillt ist, selbst daran zu arbeiten."

Ich nicke. „Außerdem könnte man den Begriff auch anders auslegen und sein Tun als 'er kümmert sich sorgfältig darum, dass es deiner Seele gut geht' sehen."
Das Innere Ich jätet mit einer kleinen Hacke Unkraut in einem großen Garten.
„Dann hat er aber 'ne Menge zu tun, wenn er darauf aus ist, Dinge von dir fern zu halten, die deiner Seele nicht gut tun." Meint es schwitzend, schiebt den Gartenhut höher und wischt sich mit einem rot-weiß-kariertem Taschentuch den Schweiß von der Stirn.
„Ich glaube, er hält sie nicht fern, sondern weist darauf hin. Die Entscheidung, ob man seinen Rat oder seine Hilfe annimmt, liegt einzig bei jedem selbst."

Ich stimme zu und erweitere: „Und oftmals suchen Menschen einen Seelsorger auf, weil sie ansonsten niemanden mehr zum Reden haben. Sie wollen sich vermutlich einfach mal unterhalten."
„Dann sollen sie halt die Telefonauskunft anrufen..."
„Na hör mal!" Weise ich das Innere Ich zurecht. "Sei nicht so garstig! Außerdem würde die Telefonistin in diesem Fall ihren Job machen: Und dem Anrufer die Telefonnummer eines Seelsorgers geben."

Spezielle Grüße

Ich finde es spannend und vor allem sehr amüsant, wenn eine Lehrkraft einer Schule mir eine email schreibt und darin bemerkt: „Apropos Gespräch: Bitte, grüßen Sie ganz herzlich Ihr Inneres Ich!"
Meine Antwort daraf fiel folgender Maßen aus:

Das Innere Ich tobt vor Freude über die speziellen Grüße und hängt in Ihrer Schule überall in den Fluren Lametta an den Treppengeländern auf...
"Hast du dich schon mal gefragt, wer die Sauerei hinterher wieder wegmachen muss?" Frage ich stirnrunzelnd. "Außerdem ist Lametta nicht wirklich ökologisch und nicht Jeder mag das Glitterzeug."
Das Innere Ich tauscht das Lametta gegen gekochte Spaghetti, welche es mit Glitzer-Edding anmalt. "Besser?" Fragt es. Ich nicke. "Wenigstens biologisch abbaubar."
Ich schaue ihm eine Weile zu, dann frage ich: "Warum tust du das überhaupt?"
"Weil es didaktisch passt." Antwortet es in einem Tonfall, der davon ausgeht, dass die Erkenntnis damit schlüssig sein müsste.
"Hä?" Frage ich.
"Oh", es lächelt süffisant, "ein Fragewort mit zwei Buchstaben! Wenn du weiter in undeutsch nachfragst, werde ich bald nicht mehr darauf antworten."
"Oho!" Rufe ich. "Dann wird auch bald keiner mehr über dich schreiben und DANN wird dich auch keiner mehr grüßen!"
Bämm... das hat gesessen. Das Innere Ich steigt von seinem hohen Ross und bindet es mit den Zügeln vor

Klassenraum 15 an. Der Gaul schnaubt und das Innere Ich steckt ihm eine Karotte ins Maul.

"Es passt, weil dies hier eine Schule ist. Da geht es um `Bildung`." Das Pferd äpfelt. "Und didaktisch deswegen, weil ich gebildet bin und versuche, meine Lehren weiterzugeben." Es grinst breit.

Ich schmunzele und sage dann: "Ein gewisses Maß an Bildung möchte ich dir ja gar nicht absprechen. Aber was ich mit Sicherheit sagen kann, ist, dass du auf jeden Fall ` eingebildet` bist. Und zwar im reinsten Sinn des Wortes!"

Star-Allüren

Ich schlurfe, die Kaffeetasse in der Hand, an meinen Computer. Sohnemann ist gerade in den Schulbus gestiegen und der Frühstückstisch ist abgeräumt.

Zeit zum Arbeiten, sonst wird das neue Buch nie fertig. Das Innere Ich hat noch keine Lust, mich musisch zu unterstützen und schnarcht laut vor sich hin.

Ich lasse es schlafen, dann ist es nachher besser gelaunt.

Vorher schaue ich allerdings in mein Postfach. Ach, sieh an, eine Freundin hat geschrieben. Und die frischgebackene Mutter hat ein zuckersüßes Bild von ihrer Tochter mitgeschickt.

Sie schreibt, dass sie ihrem Cousin und einer Bekannten ein Weihnachtsgeschenk machen will, die Beiden seien nämlich total vernarrt in meine Bücher.
Und darum würde sie nun gern „Leben in Russland"-Bücher mit einer Widmung von mir verschenken.

Die Schnarchgeräusche verstummen augenblicklich und ein hellwaches Inneres Ich stürzt sich an den Bildschirm.
„Boa!" Ruft es fassungslos. „Da steht, sie hält mich für eine Berühmtheit!"
„Mich." Verbessere ich es. „Du warst in den ersten beiden Büchern nicht einmal erwähnt."
„Aber es steht ja wohl außer Frage, dass ich immer schon da war und nicht unerheblich an den Texten beteiligt war." Erwidert es spitz.
Ich lache. „Wie dem auch sei, es ist entweder die größte Übertreibung des Jahres oder einfach ein nett gemeintes Kompliment."

Das Innere Ich hört schon gar nicht mehr zu. Es trägt einen glitzernden grünen Haarreif über der 20er-Jahre-Wasserwellen-Frisur, an dem eine lange tanzende Feder befestigt ist. Das enge, schwarze Kleid mit der Schleppe schimmert samten im Schein unzähliger Kerzen, welche sich in den Kristalltropfen eines riesigen Kronleuchters spiegeln.
Schwarze Samthandschuhe sind bis zum Ellenbogen gezogen und lehnen den Körper lasziv an einen polierten Flügel.
Ein Pianist im Smoking spielt Rachmaninows dritten Satz mit einer Leichtigkeit, als würde die Mutter von fünf Kindern ein Nachtlied trällern, während das Innere Ich mit rauchiger Stimme zu der Musik eine Ballade deklariert.

Aus dem vollbesetzten Opernhaus hört man begeisterte „Bravo!"-Rufe und Dutzende von Rosen werden auf die Bühne geworfen.

Das Innere Ich beendet seine Darbietung und nimmt mit wissendem Lächeln den tosenden Applaus entgegen.

Ich betrachte diese Szene fassungslos.

„Jetzt drehst du völlig durch!" Stelle ich fest. „Kriegst du bei einem schönen Kompliment jetzt direkt Star-Allüren?"

Das Innere Ich sitzt in der Garderobe, hat die bestöckelten Schuhe auf den Schminktisch gelegt und zieht aufreizend langsam den Handschuh aus.

Unter halb gesenkten Lidern sieht es mich lächelnd an.

„Merk dir eines, Schätzchen: Ein Kompliment ist nur so gut, inwieweit du fähig bist, es zu genießen."

Ich muss lachen. „Okay, du Oberdiva. Dann zieh dir mal was Anständiges an und hilf mir, passende Zitate für die Beiden heraus zu suchen. Immerhin soll es ja auch eine richtig tolle Widmung sein."

„Die Tochter hat ihren Hund Pepsi getauft." Lacht das Innere Ich.

„Ach ja, danke, dass du daran erinnerst. Die Kleine hat auf jeden Fall Humor." Grinse ich.

Nachdenklich kaut das Innere Ich an seinem Bleistift.

„Meinst du nicht", fragt es, „dass das eine Geschichte für das neue Buch wert wäre?"

„Unbedingt." Lache ich und schreibe es auf…

The Big Gatsby

Wir gehen gern ins Ballett, auch mit Freunden. Und heute mal in ein Modernes Ballett. Nach der Geschichte und dem Film „The Big Gatsby".

19.00 Uhr Veranstaltungsbeginn und Sankt Petersburger Verkehr sind der Grund, warum ich mich schon mal auf den Weg gemacht habe, während Michel erst noch das Auto daheim abstellt und dann hinterher kommt.

Am schnellsten ist man natürlich mit der Metro.

„Ja, das wissen übrigens 4 Millionen Petersburger auch." Stellt das Innere Ich entsetzt fest, als es die überfüllten Rolltreppen sieht. Überall Menschen, wie eine zähe, dickflüssige Masse. Mein Puls steigt.

„Viele Menschen, enger Raum – nicht gut." Kiekst das Innere Ich und ich versuche, nicht in Panik auszubrechen.

Die U-Bahn ist zum Bersten voll und ich werde tief hineingedrückt. Hoffentlich komme ich an der nächsten Station wieder raus!?

Das Innere Ich beruhigt sich mit dem Zitieren von Reinhard-Mey-Songtexten und Weihnachtsliedern. Der eigentliche Grund, weshalb ich so früh losgegangen war, war, damit ich nicht hetzen muss und nassgeschwitzt im Konzertsaal sitze.

Jetzt rinnt mir der Schweiß bereits in wahren Sturzbächen den Körper hinunter, es ist so eng, dass ich nicht mal ein Taschentuch herausnehmen und mich trocknen kann.

Es dauert eine Ewigkeit, bis sich endlich die Türen öffnen und ich schiebe von hinten in die Masse, um den Zug verlassen zu können.

Beim Anblick meines Spiegelbildes stelle ich fest, dass das Make Up dieser Überschwemmung nicht standgehalten hat. Toll, die Zeit fürs Schminken hätte ich mir also sparen können!

Um zu der U-Bahn-Station zu gelangen, welche der Konzerthalle am nächsten liegt, müsste ich jetzt umsteigen.

„Vergiss es!!!" Brüllt das Innere Ich und klammert sich an die Rolltreppe, welche nach draußen führt.

„Also gut." Gebe ich nach. „Laufen wir."

„Falsch. Nur du läufst." Berichtigt es mich.

Als ich am Veranstaltungsort ankomme ist Michel schon da. Er ist einfach die ganze Strecke gelaufen...

„Ist irgendwie wie bei Hase und Igel." Konsterniert das Innere Ich und ich muss ihm Recht geben. Ich bin komplett durchnässt und die Haare tropfen.

Ich fühle mich irgendwie wie ein begossener Pudel...

Falls ich penetrant nach Schweiß stinke, sind die Menschen so nett, es mich nicht spüren zu lassen... Das zieht die Erkältung bestimmt noch `ne Woche länger raus!

Das Innere Ich niest und schnaubt anschließend in ein rot-weiß-kariertes Taschentuch.

Es ist eine phantastische Aufführung, ausdrucksstark, energiegeladen und von einer atemberaubenden Perfektion. Und weil die Choreographie mich gefühlsmäßig völlig in den Bann gezogen hat, habe ich erst nach der Pause mitbekommen, was für Körper die Herren Tänzer haben!

Jetzt sitzt das Innere Ich völlig hypnotisiert in dem Polstersitz und starrt die Männer mit deutlich erhöhtem Herzschlag und Schaum vorm Mund an.

„Guck da nicht so hin..." Meine ich, peinlich berührt.

„Nix da!" Wehrt es entschieden ab. „Wenn die Schöpfung etwas derartig Wunderschönes erschafft und dieses sich dann auch noch mit freiem Oberkörper direkt vor meiner Nase bewegt, dann wäre es ja geradezu eine Gotteslästerung, es nicht zu genießen!"
Na, wo es Recht hat…
Darum habe ich mich ihm bis zum Ende des Balletts angeschlossen.

Vom Tun und Nichtstun

„Boah, tut das weh!" Stöhne ich und halte mir den Bauch, weil dieser weh tut. Ich habe es im Fitness-Studio übertrieben und jetzt tut mich der Muskelkater quälen.
„Wieso tust du dir auch 70 Sit-Up`s an?" Fragt das Innere Ich tut wenig mitleidig.
„Weil Sport mir gut tut." Entgegne ich.
„Wenn es das täte, dann würdest du jetzt nicht so herum jammern." Tut es feststellen. „Kannst du mal aufhören, in jeden Satz das Wort `Tun` zu verarbeiten? Das ist völlig albern und irritiert mein Sprachzentrum!"
Das Innere Ich hatte während meines Aufenthaltes dort übrigens faul unter einem Baum auf einer Wiese gelegen, an einem Grashalm gekaut und ab und zu an seinem Cocktail genippt.

Ich mache eine abwertende Handbewegung. „Sport macht glücklich, aber da du nie Sport treibst, kannst du das nicht wissen."

„Ich bewege meinen Geist." Erwidert es doppeldeutig. "Sowas nennt man Hirntraining." Es ist durchsichtig und schwebt wabernd durch den Raum.

Ich muss lachen: „Siehst du, darum ist es wichtig, wenn sich eine von uns um die physischen Dinge kümmert."

„Man muss es aber nicht übertreiben!" Das Innere Ich lässt Bücher von einem Regal ins andere schweben und sieht dabei irgendwie aus wie Harry Potter.

„Das sagt ja das Richtige!" Rufe ich aus. „Gut, dass du nie übertreibst!"

„Das ist nicht anders möglich." Sagt es lehrend. „Man kann Gedanken nicht zu Ende denken, wenn man die Grenzen nicht überschreitet. Bleibt man vorher stehen, kommt man aus dem Land nicht hinaus, das Denken jedoch sollte grenzenlos sein, setzt also voraus, diese zu überschreiten. Manche Gedanken sind gar endlos. Wie sollte man das erreichen, wenn man am eigenen Tellerrand stehen bleibt?"

„Unendliche Gedanken kann man gar nicht erreichen. Sagt das Wort schon: UNENDLICH."

„Ph!" Macht das Innere Ich und hält die Nase ein Stückchen höher. „Erbsenzähler!"

Es hat ein T-Shirt an mit dem Aufdruck „Bis zur Unendlichkeit und noch viel weiter!", einen roten Samtumhang um und Raketen an den Stiefeln. Gerade ist es am Mars vorbei geflogen, winkt mir noch einmal zu und ruft:

„Mach`s gut und danke, für den Fisch!"

Kater - Gottesdienst

... ich träume, weiß aber nicht wovon... weiß nur, dass es ein Traum ist... lasse alles um mich herum einfach geschehen... treiben ...

"EY!!!" Das Innere Ich rüttelt an der Schulter. "Du wolltest aufstehen, weißt du noch?"

"Lass mich in Ruhe, ich will schlafen." Blaffe ich zurück.

Aber es ist so, wie es immer ist, wenn man zu früh geweckt wird. Man ist wach. Und alle Anderen schlafen. Na, toll.... Es ist Neun Uhr und ich bin wach. Nach einer großen, bis in die Morgenstunden während Fete muss man nicht um neun Uhr wach werden...

Das Innere Ich mault: "Du wolltest dir doch den Bischof anhören."

"Nein, das wollte ich ganz gewiss nicht."

"Gestern abend hast du..."

"Nein!" Unterbreche ich es." Zum Einen habe ich explizit gesagt, dass es schön wäre, dass der Bischof spricht, dann müsste ich ja nicht aus Solidarität und weil es mich nunmal interessiert und guttut zum Gottesdienst und morgens nach dieser Party früh aufstehen. Und zum Anderen interessiert mich der Bischof nicht mal eine Erbse."

"Es heißt `nicht die Bohne`. " Schulmeistert es.

"Ist mir scheißegal!" Brülle ich und möchte mir die Decke wieder über die Ohren ziehen.

Das Innere Ich hat einen Talar übergeworfen und rasselt mit den Glöckchen, mit denen die katholische Kirche die "Wandlung" vollzieht. Boah..... das nervt vielleicht!!!

"Okay..." Sage ich leise und versuche mühsam, mich zu beherrschen. "Du willst also tatsächlich in die Kirche gehen???"

"Ja." Erwidert es und schiebt mich zum Kühlschrank, um eines der drei übrig gebliebenen Schnitzel in die Hand zu nehmen. "Aber nicht ohne Frühstück."

"Ich habe bestimmt noch Restalkohol im Blut..." Murmele ich.

Das Innere Ich lacht: "Von was denn? Ein halbes Sektglas Rotwein und drei Gläser Sekt über den ganzen Abend verteilt? Das würde vermutlich auch Jakob ohne einen Kater am nächsten Morgen vertragen!"

"Schrei doch nicht so..." Erwidere ich und nehme den Laptop, um meinem Freund, dem Pfarrer, zu schreiben, dass ich mich vermutlich gleich anziehen werde, um mit ihnen einen Kater-Gottesdienst zu feiern...

"Ähem..." Hüstelt das Innere Ich." Duschen solltest du vorher auch...."

Ich gebe auf, mache Schluß mit dem Schreiben und gehe unter die Dusche. Was die Leser "künstlerisch" nennen, ist in Wirklichkeit im Alltag richtig anstrengend!!!

Nicht ganz ernst genommen

Das Lernen für Klassenarbeiten ist meist mühselig. Denn es geht immerhin darum, sich zu konzentrieren und Wissen anzusammeln, welches zu einem bestimmten Zeitpunkt abgefragt wird.

Als Mutter ist es zweimal schwierig. Wir müssen uns nicht nur in ein Thema einarbeiten, welches in der Regel bereits längere Jahre zurück liegt...

Das Schwierigste ist meist, das Kind zum Lernen zu motivieren. Sprüche wie „Du lernst ja nicht für den Lehrer, sondern für dich und dein Leben!" fallen, zumindest bei meinem Sohn, nicht auf fruchtbare Erde.

Und, dass er nun ausgerechnet für das Fach Religion lernen muss, macht die Sache nicht gerade einfacher.

Und dann kommt auch noch die Forderung, sein Kumpel soll doch auch mit lernen. Au Backe. Zwei Jungs mit elf Jahren, die keinen Bock auf Lernen haben…

„Jaha!" Das Innere Ich steckt sich eine fette Havanna an und sitzt in einer mit Nussbaumholz verkleideten Bibliothek in einem schweren dunklen Ledersessel. Süffisant zieht es die rechte Augenbraue nach oben. „Und dabei geht es doch um so spannende Themen, wie die Feiertage des Kirchenjahres und deren Farben. Und die Entstehung und den Aufbau des Neuen Testamentes. Das macht doch von der Aufgabenstellung her schon total Lust auf Pauken!"

„Ach komm, Mathe ist auch nicht besser." Stupse ich es an.

Es zeigt mir eine tierische Gänsehaut, welche sich über seine Arme zieht. „Nein, " erwidert es begruselt, „Mathe ist viel schlimmer!"

Ich muss grinsen. „Wie dem auch sei, das Zauberwort heißt `spielend lernen`."

Mit ein bisschen Phantasie und Überredung („Du darfst die Lernzeit als Computerzeit hinten dran hängen!") geht

es dann aber doch. Und wenn das Abfragen dann noch mit „Eckenrechnen" gestaltet wird, wird sich auch in den Kinderköpfen bemüht.
Schließlich gibt es nach dem Spiel einen Gewinner.

Hoch konzentriert stehen die beiden Jungs in ihrer Ecke und warten auf die Frage.
„Okay," beginne ich. „Wofür steht die Farbe Violett im Kirchenjahr?"
Wie aus der Pistole geschossen schreit mein Sohn:
„Buße! Und der Feiertag dazu heißt Aschermittwoch!"

Das Innere Ich kippt lachend hinten über.

Nunja... Es mag wohl Leute geben, die am Aschermittwoch Gründe haben, Buße zu tun. Vielleicht sollten die Kirchen tatsächlich mal darüber nachdenken, den Narrentag in ihren Kanon aufzunehmen.
Manchmal könnte es der heiligen Institution gar nicht schaden, sich und die Welt nicht so ganz ernst zu nehmen.

RAF

Der Klassenlehrer meines Sohnes schrieb zur aktuellen Lage der Klasse, dass die Hausaufgabenerledigung im RAF-Unterricht bemängelt würde...

Wie bitte?! WAS für ein Unterricht?

Sofort hat das Innere Ich Tarnkleidung an und ein Maschinengewehr im Anschlag. Es trägt eine Mütze auf der vorn ein roter Stern prangt.

"Es lebe der Kommunismus, der Antiimperalismus und die Stadtguerilla!" Schreit es mit ausgestrecktem Arm und verschwindet mit einem Satz im Dickicht der Büsche, aus denen es hervor gekommen war.

"Ähem..." Hüstel ich. "Ich bin Pazifist. Und sicher, ganz, ganz sicher kein Kommunist. Für die Nummer bekommst du von mir kein grünes Licht. Also komm aus den Park-Rabatten wieder raus und lege das Ding weg. Das Jagen auf öffentlichen Grünflächen ist ohnehin verboten."

"Spielverderber." Mault es und flitscht, als es denkt, ich bemerke es nicht, eine gekaute Papierkugel mit einer Zwille auf ein Kaninchen, welches in panischer Angst davon hoppelt.

"Interessanter Unterricht, den die Kinder da haben." Meint es. "Immerhin an einer Deutschen Schule in Russland. Was meinst du, müssen die Kinder da die Geburtstage von Baader und Meinhof auswendig wissen oder reicht es, wenn sie herbeten können, welche 24 Menschen die Rote Armee Fraktion wann und wie in Deutschland getötet hat?"

Am Zucken seiner Mundwinkel erkenne ich, dass das Innere Ich diese Frage nicht ernst meint und lasse mich auf das Gedankenspiel ein.

"Genau. Und als praktischen Unterrichtsteil lernen sie, wie man einen Molotow-Cocktail baut."

Das Innere Ich nickt. "Und während sie die Geschichten der Generationen vorgelesen bekommen, dürfen sie die kopierte Vorlage mit dem roten Stern und dem Gewehr ausmalen."

Mir läuft bei der Vorstellung eine Gänsehaut über den Rücken. "Darf man über ein so schwieriges und grausames Thema überhaupt Witze machen?"

Das Innere Ich denkt einen Moment schweigend nach, dann nickt es langsam.
"Da man die Vergangenheit nun einmal nicht ändern kann und Arschlöcher auf dieser Welt leider nie aussterben werden bin ich der Meinung, dass man ihr Wirken sehr wohl sehr ernst nehmen sollte und diese Gefahr auf keinen Fall verkennen. Sie als Bedrohung für mein Seelenheil und als Hemmung mein Leben zu leben und zu genießen anzuerkennen möchte ich aber ablehnen. Und das geht am Besten, in dem man die Ernsthaftigkeit aus den Angeln hebt und ihr ganzes Tun und Sein ins Lächerliche zieht. Damit nimmt man ihnen sozusagen die Plattform, auf der sie stehen. Angst geht nur auf, wenn man sie säen kann. Bei unpassendem Boden wird diese Saat nicht wachsen können."

"Dann lassen wir die Lachnummern einfach links liegen und verschwenden an sie keine Aufmerksamkeit mehr, da sie diese eh nicht verdienen?" Frage ich.
"Jepp." Das Innere Ich nickt und jongliert gekonnt mit Tomaten. "Lass uns was kochen!"

RAF-Unterricht ist übrigens völlig harmlos und lediglich die Abkürzung für „Russisch als Fremdsprache".

Ortographie ist triwial

Seufz... heute ist wieder mal Putztag. Ich schiebe es noch ein bisschen vor mich her und bilde mir ein, dass es erst mal vieeeel wichtiger ist, die angelaufenen emails zu beantworten. Das Innere Ich hilft mir nach Kräften dabei, es ist unfassbar kreativ, wenn es darum geht Ausreden zu erfinden.

"Außerdem ist es für den Bio-Rhytmus überhaupt nicht gut, vor 10 Uhr morgens körperlich anstrengende Arbeit zu verrichten!" Brüllt es gerade und kettet sich selbst am Tischbein fest. (Habs ja gesagt...)
"Was wird das?" Frage ich irritiert und deute auf die Kette, deren Schloss-Schlüssel es gerade hinunter geschluckt hat.
"Sitzstreik."
"Hä? Glaubst du, die Arbeit macht sich dadurch von allein?" Frage ich, etwas spöttisch.

Es hebt ernst den Zeigefinger und mahnt: "Das kontinuierliche Befriedigen der Bedürfnisse Anderer macht dich mit der Zeit zu einem willenlosen, nichts denkenden, unkreativen und hörigen Menschen. Nur, weil deine Umwelt eine saubere Wohnung erwartet, muss man diesen nicht immer auch entsprechen."

Ich nicke zustimmend: "Vor allem dann nicht, wenn eigentlich eine Putzfrau (ja, wir zahlen sie immer noch) bezahlt wird, deren Arbeit ich seit JANUAR leiste."
"So isses!" Das Innere Ich springt kettenrasselnd auf und schwingt eine riesige Fahne. "Revulotion!" Schreit es.
Ich schüttle mitleidig den Kopf. "Das heißt `Revolution`..." Berichtige ich.

Das Innere Ich grinst breit und sagt: "Siehst du, selbst wenn wir wollten, wir könnten jetzt gar nicht putzen, weil wir dringend an unserer Ortographie arbeiten müssen. Allein von Berufs wegen her. Rechtschreibung ist nämlich gar nicht so triwial..."

Ich lache: "Ja, doch, wirklich kreativ. Und es heißt bitte `Orthographie` und `trivial`."

"Da siehst du mal, wie nötig es ist." Lächelt es zufrieden.

Partnerverkauf

Das Innere Ich blättert interessiert in Bekanntschafts- und Todesanzeigen.

„Das ist doch nun sehr verwunderlich." Meint es nachdenklich und runzelt die Stirn. „Ganz offensichtlich gibt es in der Welt da draußen ausschließlich perfekte, gute Menschen."

Ich stehe am Herd und verarbeite den restlichen Reis von gestern Abend mit Gemüse zu einem Mittagessen.

„Oder, die Arschlöcher unter ihnen wollen keine Beziehung und sterben auch nicht."

„Ersteres wäre theoretisch möglich, Letzteres eher weniger."

Es wird von einer netten Verkäuferin begleitet und schiebt einen großen Einkaufswagen durch eine riesige Verkaufshalle, in der (je nach Genre) Menschen in den Regalen sitzen und freundlich lächeln. Oh, nein, die Eine da nicht, denn sie hat eine schwarze Halbmaske auf und eine Peitsche in der Hand.

Das Innere Ich deutet auf einen jungen, athletischen, wahnsinnig attraktiven Mann. „Was ist mit dem da?" Fragt es und mustert den Mann neugierig.

„Oh, das ist eines unserer Luxusmodelle. Dieser Herr ist perfekt, hat einen gut bezahlten Job, Akademiker, gutes Elternhaus, Eigenheim, Auto usw. Er ist familiär, hilft auf Wunsch im Haushalt und nähme Sie, gegen Aufpreis, zu den Kneipentouren mit seinen Kupels mit."

„Hm..." Das Innere Ich zieht die Stirn in Falten. „Wie lange habe ich Rückgaberecht?" Fragt es.

Die Verkäuferin schaut in ihren Unterlagen. „Bis zu einer vollzogenen Verlobung." Erwidert sie dann strahlend.

„Was willst du?" Frage ich erstaunt. „Der Typ ist doch perfekt!"

Er lächelt immer noch ein einladendes Brad-Pitt-Lächeln.

„Irgendwie ist der mir zu langweilig." Mosert das Innere Ich und deutet auf einen anderen Mann, etwas kleiner, nicht ganz schlank aber auch nicht dick. Er hat lustige, dunkelblaue Knopfaugen, rosige Wangen und strahlt über das ganze Gesicht.

Das Innere Ich lächelt ihn an und fragt die Verkäuferin: „Den da finde ich auch nicht schlecht. Wie sieht es da mit der Rückgabe aus?"

Bedauernd hebt sie die Hand und sagt entschuldigend: „Tut mir sehr Leid, doch dieser Herr war bereits schon mal verheiratet. Mängelware ist bei uns vom Umtausch ausgeschlossen."

Am Ende geht das Innere Ich mit leerem Wagen wieder hinaus.

„Was wolltest du eigentlich dort?" Frage ich. „Du suchst doch gar keinen Mann."

„Stimmt." Grinst es. „Ich wollte nur mal wissen, wie das wohl so wäre bei `Singles mit Niveau`."

Ich schüttele verständnislos den Kopf. „Also für mich wäre das nichts, mich bei einer Partnervermittlung wie eine Massenware anbieten zu lassen oder aus dieser auszuwählen. Ich lerne Menschen lieber persönlich kennen, so ganz live und ohne vorherige Ansage."

Das Innere Ich stimmt mir zu: „Ja, es ist schon gruselig, sich solch einen Partner-Ausverkauf vorzustellen."

Männer haben es nicht leicht

Das Innere Ich sitzt im Schneidersitz auf einem Briefkasten und futtert ein Lakritzbrot.
„Sowas KANN gar nicht gesund sein." Sage ich und schüttele mich.
„Doch. Ist Vollkornbrot." Sagt das Innere Ich überzeugt.
„Warum sitzt du auf einem Briefkasten?" Frage ich.
„Och," erwidert es, „Zufall." Und tauscht den Briefkasten gegen sich ständig wechselnde andere Dinge aus.
Ein Fahrrad mit Beiwagen, einen Holzklotz, eine Lego-Tankstelle, einen Mixer, die 29bändige Enzyklopädie, einen Schuhkarton mit rosa Blümchen, ein Kissen, einen Badezimmerschrank, einen Eimer Eiswasser (aber nur ganz kurz, weil es so kalt ist), einen Toaster (auch nur ganz kurz...), einen Klavierhocker, einen Luftballon, eine 10er Packung Eier...
„Igitt." Sagt es. „Haste mal `ne Küchenrolle?"

Während es die Sauerei wegputzt, denkt es laut nach: „Die Männer haben es schon nicht einfach, was? Wie spricht man als Mann am besten eine Frau an, die einem gefällt?"

„Vielleicht einfach ganz ehrlich?"

„Dann findet sie ihn langweilig."

Ich ahne, worauf es hinaus will und grinse. „Du willst also den besten Anbagger-Spruch herausfinden?" Frage ich, doch das Innere Ich ist noch unsicher.

„Ich glaube nicht, dass es den besten Spruch oder die beste Masche gibt. Außerdem gibt es ja verschiedene Enden, auf die es hinaus laufen kann."

„Welche?" Frage ich erstaunt.

„Naja, für ein kurzes Schäferstündchen würde es reichen, wenn er ihr einen Zettel mit Zahlen unter die Nase hält und frech sagt: `Schätzchen, hier ist meine Nummer und ich hätte gern mit dir eine Selbige. `"

„Ach, herrje! Der ist aber plump!" Empöre ich mich.

„Na und? Ist ja auch schnell vorbei."

Mir geht ein Licht auf: „Du meinst, je länger die Beziehung dauern soll, desto mehr Mühe muss er sich geben?"

Das Innere Ich klatscht in die Hände. „Genau. Er muss Verlässlichkeit signalisieren. Humor. Intelligenz. Ausdauer. Einen funktionierenden Beschützer-Instinkt. Fleiß. Standhaftigkeit…"

„Na, na!" Unterbreche ich es. „Jetzt aber mal nicht schlüpfrig werden!"

Unwillig schüttelt es den Kopf: „Ich meinte in seiner Meinung. Frauen wollen ja keinen Mann, der sein Fähnchen ständig in einen anderen Wind hält."

„Und das alles soll bereits beim Ansprechen zum Ausdruck kommen?"

Es nickt bedächtig. „Und dabei muss er auch noch möglichst vorteilhaft aussehen und gut riechen."

Ich denke eine Weile nach und sage dann: „Wenn man sich das mal überlegt, haben es die Männer in der Tat nicht leicht. Aber wir leben doch in einer Welt, in der die Frauen so auf ihre Gleichberechtigung pochen. Wieso stellen sich die Männer nicht hin und überlassen es den Frauen, sie anzubaggern?"

Das Innere Ich hebt den Zeigefinger: „Das würde ihm signalisieren, dass die Dame leicht zu haben ist. Und die wenigsten Frauen wollen so gesehen werden. Außerdem ist da ja noch der Jagd-Instinkt."

„Die Armen können einem richtig leidtun." Sage ich mitleidig.

„Tja." Stimmt das Innere Ich zu. „Aber sie haben doch noch einen ganz entscheidenden Vorteil."

„Welchen?" Frage ich.

„Sie können im Stehen pinkeln. Darum beneide ich sie fürchterlich!"

Ungekonntes Feiern

Ich schaue mir im Fernsehen einen Gottesdienst an. Das ist mal etwas ganz Anderes, denn die Kamera filmt die Gemeinde von vorn. Man hat also den Blick, den ansonsten nur der Pfarrer hat. Selbst sitzt man ja in der Kirchenbank und sieht nur den Rücken der Gemeindemitglieder.

„Oh, schaust du einen Trauergottesdienst an?" Fragt das Innere Ich. Es hat eine Schüssel Kartoffelchips dabei, lässt sich auf ein Sofa fallen und fängt laut an zu futtern. „Wer ist denn gestorben?" Fragt es mit vollem Mund.

„Niemand ist gestorben, das ist ein ganz normaler Gottesdienst." Erwidere ich und mache den Ton lauter, weil ich sonst nichts verstehen kann.

Wieder fängt die Kamera die Gesichter der Anwesenden ein. Jetzt fällt es mir auch auf: Ernste, fast traurige Gesichter. Die Meisten sind in sich gekehrt, halten den Blick gesenkt. Kinder werden ermahnt, leise zu sein. Niemand dreht sich um, die Menschen schauen sich nicht gegenseitig an. Der Fokus gilt allein dem Pfarrer dort vorn, der wie ein Showmaster durch die Sendung führt.

Die Leute singen die Lieder mit, wie sie auch klatschen würden, wenn ein Junge vom Fernsehteam ein Schild mit der Aufschrift „Applause" hoch halten würde.

„Merkwürdig, was?" Fragt das Innere Ich und schiebt sich noch einmal die frittierten Kartoffelscheiben in den Schlund. „Dabei heißt es doch, dass man den Gottesdienst gemeinsam feiert."

Von „feiern" ist diese lethargische Masse allerdings weit entfernt. Die Stille ist in manchen Momenten erdrückend statt feierlich und ich frage mich unwillkürlich, ob der Pfarrer sich eigentlich wohl dabei fühlt. Macht ihm das wirklich Freude? Hat er Spaß daran, als Aufziehfigur Gottes über die Altar-Bühne zu hüpfen und Segen zu verteilen, wie die Jecken im Karneval Kamellen ins Volk werfen?

Ich kann in den Gesichtern der Gemeinde keine Freude sehen. Kein herzhaftes Lachen, nicht einmal ein Lächeln. Wenn sich die Menschen auf einer meiner Feten auch so benehmen würden, wäre der Abend aber schnell vorbei!

Freude und die Lust am Leben sollte man teilen. Verschwenderisch damit umgehen, damit sie ansteckt. Denn diese Lust kommt ganz direkt von Gott und der wäre sicherlich nicht böse, wenn er sähe, dass sein Geschenk angenommen und genossen würde!

„Ey!" Ruft das Innere Ich der Gemeinde hinter der Fernseh-Scheibe zu. „Ihr habt eine wunderschöne Kirche, einen engagierten Pfarrer, es gibt beim Abendmahl etwas zu Essen und Wein habt ihr auch. Mehr braucht es nicht für ein Fest! Also freut euch doch einfach mal und genießt es, beisammen zu sein."

Es hat ein Seil quer durch das Kirchenschiff gespannt und balanciert im rosa Tütü mit einem grell-gelben Regenschirm in der Hand über den Köpfen der Gläubigen. Ab und zu bleibt es stehen und wirft Wort-Kamellen hinunter, die mit Regenbogenfarben umher fliegen und die Stimmung ein wenig freundlicher machen sollen. Leider ist es aber nur eine Fernsehaufzeichnung und so bleiben die Gesichter hinter dem Glas unbewegt...

Wo steht eigentlich geschrieben, dass man im Gottesdienst nicht lächeln darf?

(P.S. Eine Testleserin war übrigens bei dieser Geschichte gar nicht meiner Meinung. Aber das muss sie auch nicht, denn es sollte doch ein Jeder seine eigene Meinung haben und diese auch unangefochten behalten und damit leben dürfen!)

Winterdepression

Draußen ist mal wieder mieses Wetter. Typisch für den russischen November. Durch die Klimaerwärmung gibt es also keinen Schnee mehr, dafür Regen. Na, toll.
Außerdem wird das Licht tagsüber spürbar weniger.
Das spürt auch der Biorhythmus. Ich bin antriebslos. Kann mich nicht motivieren. Sogar die Sätze werden... immer... starrer...

„Wirst du jetzt depressiv, oder was?" Fragt das Innere Ich. „Ist doch gar nicht nötig, du musst nur in Bewegung bleiben!" Es hüpft mit einem Springseil durch ein Fernsehstudio.
Dieses Studio kommt mir seltsam bekannt vor, es ist halbrund und mit blauem Stoff ringsherum abgehängt.
„Klar kennst du das!" Keucht das Innere Ich. Man merkt also, dass es nicht so fit ist, wie es vorgibt zu sein. Das beruhigt mich etwas...
„Du hast als Kind öfter mal vor dem Fernseher gesessen und dir die Aerobic-Stunden angeschaut."
Ich schlage mir mit der flachen Hand vor die Stirn. Stimmt ja... Geschminkte Damen mit quietschbunten Leggins und einem neonfarbenen Badeanzug drüber. Fast jede hatte eine Pudel-Dauerwelle und natürlich ein Stirnband, welches den Schweiß auffangen sollte, der nie floss.
Heute weiß ich, dass sie nach jeder Übung abgetupft und nachgeschminkt wurden. Aber es sollte für die „Mitmacher" vor dem Fernsehen der Anschein erweckt werden, dass dieses Herumhüpfen zur Musik überhaupt nicht anstrengend ist und total Spaß macht!
„Deswegen grinsten die auch die ganze Zeit so dämlich..." Das Innere Ich hat eine gelbe Leggins an und einen neonblauen Badeanzug darüber. Es trägt ein

Stirnband, welches die Pudeldauerwelle bändigt, pinken Nagellack und einen dazu passenden Lippenstift.

„Du siehst ziemlich nach 80er Jahre aus." Sage ich. „Nur, dass das klar ist: ICH habe sowas niemals angezogen."

Das Innere Ich macht ein paar Dehnübungen und erwidert: „Nur, weil du dich nicht getraut hast. Mal ganz davon abgesehen, dass du dir von deinem Taschengeld solch schicken Sportdress gar nicht leisten konntest. Gewollt hättest du nämlich schon gern..."

Trotzig verschränke ich die Arme. „Na, und? Ich war halt schüchtern." Und, wie um etwas zu beweisen setze ich nach: „Heute hätte ich damit überhaupt keine Probleme mehr!"

Das Innere Ich setzt sich rücklinks auf einen Stuhl, legt die Arme auf die Rückenlehne und den Kopf auf diese und sagt mitleidig:

„Kann ja sein – aber heute wäre das total albern."

„Stimmt." Stimme ich zu. „Darum packe ich jetzt meine ganz normalen Sportsachen und gehe ins Fitness-Studio. Bewegung ist nämlich der beste Schutz gegen Winterdepressionen."

„Au fein!" Das Innere Ich steht schon in Turnschuhen parat. „Und hinterher holen wir uns Vitamin D im Solarium und entspannen in der Sauna? Mit Eukalyptus-Aufguss?"

Ich nicke entschlossen: „Klingt nach einem guten Plan."

Wort-Künstler

Ich habe mich über die etwas ausgefallenen Formen der Anrede amüsiert, mit der mich mein Freund, der Pfarrer, zeitweise überrascht. Daraufhin schlägt er nun vor, ich solle mir doch eine Anrede meiner Wahl ausdenken, welche er dann an den Beginn seiner Briefe setzen würde. Schließlich sei ich ja die „Wortkünstlerin" von uns Beiden.

"Wortkünstlerin" ... Au weia, jetzt bin ich gefordert.
Das Innere Ich zeigt mir eine lange Nase und feixt: "Das hast du dir selbst eingebrockt! Jetzt sieh mal zu, wie du aus der Nummer wieder raus kommst!"   `Na klar, ` denke ich, `ist ja mal wieder typisch, wenn ich seine Hilfe brauche, verkriecht es sich. `
Na, woll`n mal sehen...

Was für eine Anrede würde mir denn gefallen? - Vielleicht   "Hallo du herrlichste und großartigste aller Frauen!" ?   -   Nein, das geht gleich aus mehreren Gründen nicht:
Erstens, weil es nicht wahr ist, zweitens, weil es seiner Freundin und meinem Mann gegenüber wohl kaum vertretbar wäre und drittens würde ich damit zugeben, dass ich dieselben scheußlichen Charakterzüge besäße wie der (oder die!) richtige Satan/Luzifer und er mich als "wer ist wie Gott?"(die hebräische Übersetzung des Namens `Michael`) dann aus dem Himmel, äh - ich meine natürlich `aus dem Postfach wirft`.
Und da niemand mit Sicherheit beweisen kann, dass ich nicht der/die Echte bin, sollte ich lieber vorsichtig sein, um nicht wieder in den Urnebel verbannt zu werden,

wenn ich es bis hierhin wenigstens schon mal geschafft habe...

(Das Innere Ich schlägt sich mit der flachen Hand an die Stirn und seufzt.)

Wie wäre es mit "Na, Ihr Zwei?"

Das Innere Ich nickt begeistert, endlich wird es mal offiziell mit angesprochen! Doch ich schüttle nur mitleidig den Kopf und sage: "Soweit kommt es noch, es ist schon schlimm genug, dich überhaupt zu erwähnen! Nix da - du bleibst, wo du bist."

"Ph!" Macht es und verschränkt trotzig die Arme vor der Brust.

Oder kumpelhaft "Ey, Duda!" - Das Innere Ich macht ein verständnisloses Gesicht: "Du willst nicht wirklich, dass er dich wie einen Kumpel anspricht?!" Fragt es langsam.

"Nein," gebe ich grinsend zu. "Will ich nicht."

"Flirte lieber mit ihm." Meint es, während es in einer betont gelassenen Bewegung in einer Illustrierten blättert.

Ich falle aus allen Wolken: "Du bist ja nicht ganz bei Trost!" Rufe ich.

Unbeeindruckt schlägt es erneut eine Hochglanzseite um und meint: "Ich habe genau bemerkt, wie du auf seine Hände geschaut hast und sie dir ziemlich gefallen haben."

Es schaut kurz hoch und grinst diabolisch: "Vergiss nicht, ich sitze in deinem Kopf..."

"Ich werde auf gar keinen Fall mit ihm flirten!" Rege ich mich auf.

Das Innere Ich lächelt mitleidig und sagt: "Zu spät."

"Du... (der Rest des Gespräches ist zensiert und dies erspart dem Leser viel Zeit durch das nicht-lesen-müssen mehrerer Seiten...)

Das Innere Ich liegt auf der Krankenstation hinter dem Stammhirn und ist zurzeit zu keinen weiteren Bosheiten fähig, darum kann ich jetzt mal ganz entspannt nach einer Anrede suchen, die mir gefallen würde. Und, weil es doch in der Regel die schlichten, ungekünstelten Dinge im Leben sind, die uns am Meisten gefallen (ich denke da an Diamanten...) wähle ich ganz einfach: "Hallo Corinna!"

Beides eins?

Die Sonne scheint, es ist ein wunderschöner Tag. Ich habe ausgeschlafen, meinen Kaffee vor mir und sitze entspannt am Rechner. Auch das Innere Ich ist munter und blättert interessiert in alten Aufzeichnungen meiner Hirn-Schubladen.
Plötzlich stutzt es.
"Ist Gott und Jesus dasselbe?" Fragt es und schmiert sich eine Stulle mit Lakritze.
"Wo hast du deinen Verstand?" Frage ich zurück. "Das hast du doch schon zehntausendmal gehört, dass der eine der Vater, der Andere der Sohn ist. Überleg mal `Er sitzt zur Rechten Gottes` - man kann ja wohl kaum selbst neben sich sitzen."
Das Innere Ich ist beleidigt: "Überleg selbst mal!" Pöbelt es. "Man kann sehr wohl `außer sich` sein! Und man kann innerlich auch mehr als `eins` sein." Es schielt mich

spöttisch an und setzt nach: "Das müsstest   DU
eigentlich wissen..."

Ich seufze: "Krieg dich wieder ein..." Und dann finde ich
die Frage eigentlich gar nicht so uninteressant.
Warum hat Gott seinen Sohn geschickt, damit die
Menschen an ihn glauben? Warum hat er sie nicht direkt
angesprochen? Muss ja nicht als Dornbusch sein, er
hätte auch einfach so seine Stimme erschallen lassen
können. Das wäre für die Menschen doch viel
eindrucksvoller gewesen?!   Und das hätte viel
Grausamkeit erspart, denn eine Stimme kann man wohl
schlecht ans Kreuz nageln.

"Du siehst das zu profan." Kritisiert das Innere Ich. Es
sitzt in einem Tempel und zieht eine Gebetsrolle auf.
"Vielmehr solltest du nach dem `warum` fragen. Was
wollte Gott bezwecken?"
"Das die Menschen wieder an ihn glauben."
"Jau. Aber wenn er nun einfach zu ihnen gesprochen
hätte? Dann hätten es einige gehört, die hätten es auch
weiter erzählt und Diejenigen, die es hörten, hätten
wahrscheinlich gedacht, der Sprecher wäre betrunken,
geistesgestört oder macht sich einen Spaß mit ihnen."
Überlegt das Innere Ich.
Ich nicke begeistert.
"Was durchaus verständlich wäre... Das heißt, er musste
sich etwas Nachhaltigeres einfallen lassen um seine
Botschaft glaubwürdig rüber zu bringen. Etwas, was den
Menschen im Gedächtnis bleibt und was sie verstehen
können."

Das Innere Ich liebt Wortspiele und grinst: "Etwas, das sie `begreifen` - also anfassen konnten. Etwas `Reales`. Kein Hirngespinst."

"So, wie du..." Murmele ich.

"Das habe ich gehört!" Antwortet es zickig.

Ich beiße genüsslich in mein Brot. "Er hat also sozusagen seinen Geist in eine Menschenhülle gepackt und sie hier unten herumwandeln lassen, damit alles aufgeschrieben wird. Denn was man schwarz auf weiß hat, geht nicht so schnell verloren und wird nicht `stille-post-mäßig` verändert. Das kann ich mir gut vorstellen. Aber was ist dann mit `Er sitzt zur Rechten Gottes` "

" Ganz einfach: Der arme Mensch, der diesen Körper zur Verfügung gestellt hat, wurde von Gott nach seiner Auferstehung für sein Mitwirken belohnt. Und das ist ja nun auch Recht und billig nach all dem, was der arme Kerl auf Erden durchgemacht hat!"

Ich schmunzele. "Gewagte Theorie." Meine ich.

"Butterbrote mit Lakritze sind übrigens total eklig."

Das Innere Ich grinst frech und beißt schmatzend hinein.

Die leere Arche

Ein evangelischer Pfarrer beklagt sich bei einem älteren Kollegen über die Fledermaus-Plage in seiner Kirche - er habe alles versucht, um sie zu vertreiben, nun bliebe nur noch Teufelsaustreibung.

Darauf der Kollege: "Ich habe meine getauft und konfirmiert - danach kommt niemand mehr wieder..."

"Jaja," meint das Innere Ich nachdenklich, "in jedem Witz steckt ein Fünkchen Wahrheit." Es sitzt in einer Bank meiner Hirnkirche und seine Stimme schallt durch das leere Schiff. "Vielleicht ist die Arche bereits gestrandet und alle sind ausgestiegen, nur haben wir es noch nicht bemerkt?"

"Das glaube ich nicht." Lehne ich ab.

"Siehst du? Genau das ist wohl das Problem. Des Menschen Glaube ist sein Himmelreich."

"Ach, und du meinst nun, dass das eigene Himmelreich den Leuten ausreicht und sie deshalb nicht mehr in die Kirche gehen?" Ich denke eine Weile darüber nach und sage dann: "Hm... lass uns diesen Gedanken mal ein wenig aufdröseln. Es gab ja nun durchaus Zeiten, da sind die Leute noch treulich jeden Sonntag in die Kirche marschiert, weil es einfach dazu gehörte. Da wurde man komisch angeschaut, wenn man das nicht machte."

"Stimmt. Und irgendwann kam die große Selbstbestimmungs-Revolte. Die sexuelle Freiheit und vor allem die Meinungsfreiheit." Das Innere Ich sitzt mit einem Hippie-Rock, barbusig und einem Joint in der Hand an einem spanischen Strand, hört Bob Marley-Musik und freut sich auf freie Liebe.

"Lass das." Sage ich ärgerlich. "Das sind ernste Gedanken zu einem ernsten Thema. Außerdem möchte ich nicht, dass sich die Leser sowas vorstellen."

Das Innere Ich bleibt wo es ist und meint provozierend: "Das ist vielleicht genau der Grund. Das, was den Menschen gefällt, machen sie auch. Was sie nicht mögen, ertragen sie entweder oder versuchen diese Situationen zu vermeiden."

Die Kirche war ja von jeher nicht unbedingt ein Sinnbild für Frieden und Freiheit, wenn man sich anschaut wie viele Kriege und gewaltsame Missionierungen in ihrem Namen (und mit ihren Geldern) geführt wurden.

Und immer stellte sie sich dabei mit hinterhältigem Grinsen unter Gottes Deckmäntelchen und sich als gut und unschuldig dar. Sie säte Jahrhunderte lang die Angst in die Herzen, quälte angebliche Hexen und zog den Menschen für ihre "gute Sache" das Geld aus der Tasche.

Doch inzwischen sind die Menschen aufgeklärt und wollen sich nichts mehr doktrinieren lassen. Sie haben mitbekommen, dass sie Gott auch ganz selbst anrufen können, die Leitungen sind für sie inzwischen frei geschaltet.

Sie brauchen kein Bodenpersonal mehr, welches die Verbindung herstellt. Und sie haben es satt, geheuchelte Frömmigkeit ertragen zu müssen. Gesetze, die gegen die Natur sind, wie das Zölibat, welche dann für unfassbare Skandale sorgen, weil die Herren nicht mehr wissen wohin mit ihren Hormonen und sich an ihnen anvertrauten Kindern vergehen!

Das Innere Ich schwieg eine ganze Weile und fragt jetzt leise: "Warum gehst du eigentlich in die Kirche?"

Ich bin überrascht und merke, dass mir kein wirklicher Grund einfällt. "Weiß nicht." Antworte ich. „Ich finde die Atmosphäre einfach schön. Und mag es, Menschen zu treffen."

Das Innere Ich nickt wissend und nimmt einen tiefen Zug aus der Tüte. Mit glasigen Augen und einem schrägen Lächeln saugt es anschließend mit dem Strohhalm einen Cocktail in sich hinein und meint dann weise:

"Wer wahrhaft große Gedanken haben will, sollte an Drogen nicht sparen!"

(Dieser Satz stammt nicht von mir, sondern aus der Feder von Herrn Kling, mir hat das kiffende Känguruh einfach so gut gefallen!)

Ich schüttel nur den Kopf und lasse es am Strand liegen, heute ist nämlich Montag und ich muss jetzt meine Wohnung putzen!

(Nur, um Missverständnisse zu vermeiden: ICH rauche keine Drogen!)

Der letzte Gottesdienst

Heute ist mein letzter Gottesdienst in der Petri-Kirche in Sankt Petersburg.

Das Innere Ich kann es kaum abwarten und so helfe ich Alexander die Nummern für die Lieder an den Säulen anzubringen. Auf dem Weg zurück hält mich eine Frau in kariertem Rock und rotem Pullover auf. Sie streckt mir ein Gesangbuch entgegen.

„Arbeiten Sie in Sankt Petersburg?" Fragt sie.

Ich habe sie bereits öfter in den Gottesdiensten gesehen aber jetzt geht mir die Frage durch Mark und Bein.

Das Innere Ich springt einen Satz zurück. „Die soll ja nicht näher kommen!"

Es gibt Menschen, die einem überhaupt gar nichts getan haben und trotzdem weiß man in der ersten Sekunde, dass man nicht in ihrer Nähe sein möchte. Eigentlich gemein, ich weiß, aber ich glaube, das hat jeder schon mal erlebt.

Ich spüre, wie sich die Härchen im Nacken aufstellen und sich eine Gänsehaut über den Körper zieht. Ihr Blick ist unangenehm und das Innere Ich sucht sich ein Versteck in einer leeren Lakritz-Dose.

„Leute wie die mögen kein Lakritz." Murmelt es leise und zieht den Metalldeckel über sich. Schwupps – weg ist es...

Die Ärmste kann ja nichts dafür, darum erkläre ich ihr freundlich, dass ich heute zum letzten Mal da bin und verkrümel mich schnellstmöglich auf meinen Sitzplatz.

Es ist ein sehr emotionaler Gottesdienst. Das Innere Ich flitzt wie ein Schwamm durch den Raum, fängt die Worte und Töne und saugt alles in sich auf. Wie vertraut doch inzwischen alles ist. Wie viele Gesichter ich kenne.

Es ist nicht die Gewöhnung, weil ich oft den Gottesdienst mit ihnen gefeiert habe, sondern die Frucht der Entscheidung, sich darauf einzulassen.

Sich in eine fremde Gemeinde zu begeben mit der Hoffnung, dass das Eis schon halten wird, welches ich betrete.

Es ist das süße Gefühl, einen Ort zu kennen, wo ich hingehöre und aufgenommen bin.

Einmal noch, diesen letzten Gottesdienst.

Ich höre Alexander hinter mir atmen. Ein tiefes, beruhigendes Atmen. Ich hätte gern mehr von ihm kennen gelernt. Schräg vor mir dröhnt Ilse`s voluminöser, inbrünstiger Gesang.

„Ha!" Schreit das Innere Ich. Da hat doch der Pfarrer tatsächlich eine Überraschung aus dem Ärmel gezaubert und wir singen tatsächlich alle zusammen mein Lieblings-Kirchenlied!

Es ist gar nicht schlimm, dass die Augen voller Tränen schwimmen, denn den Text kenne ich auswendig.

Und so singt das Innere Ich denn auch voller Inbrunst Strophe für Strophe. Bis sich der Pfarrer in der ersten Bank zu mir umdreht und mir mit lachenden Augen die Textzeile entgegen singt.

„Will er ein Duett?" Das Innere Ich ist irritiert.

„Wohl kaum." Meine ich. „Warte mal, irgendwas stimmt hier nicht."

„Arghhh!" Kreischt das Innere Ich und dann bemerke ich es auch:

An der Tafel stand es geschrieben... Die ersten drei Strophen und die 5. Nicht aber die 4. Strophe...

Aber genau diese hatte ich so laut ich konnte mitgesungen, zumindest, bis sich der Pfarrer mit der richtigen Strophe auf den Lippen umdrehte.

„Pah." Macht das Innere Ich und hält die Nase einfach ein Stückchen höher. „Ich habe wenigstens mit Elan falsch gesungen."

Abflug

Ich schwitze und friere gleichzeitig. Die Handflächen sind ganz feucht. Wie paralysiert starre ich eine Weile auf den Kranich, das Symbol der Lufthansa, und versuche vergeblich alle Dokumentationen, Filme und Tagesschau-Informationen über Flugzeugabstürze aus meinem Hirn auszublenden.

Es gelingt schon allein deshalb nicht, weil das Innere Ich mit schneidiger Piloten-Uniform und Ray-Ban-Sonnenbrille in meinen Gedanken-Hallen umherwandert. Mit perversem Vergnügen schaut es dann plötzlich um

eine Ecke und schreit aus Leibeskräften: "Mayday! Mayday! Wir stürzen ab! Der Vogel ist nicht mehr unter Kontrolle! Unter uns nichts als Wasser!"
(Dabei registriert es den eigenen Fehler nicht, denn wir werden gar nicht über das Wasser fliegen. Darum tue ich so, als hätte ich eben nicht vor Angst fast die Hosen voll und erkläre ihm den Irrtum süffisant)

"Das kommt vom Sauerstoff-Mangel!!!!" Schreit es aufgebracht und macht Geräusche wie ein Flugzeug wenn es gerade abstürzt. "Ist ja auch egal, ob wir auf der Wasseroberfläche oder an einem Berghang krepieren und der Flieger in alle Einzelteile zerspringt. Wenn sich Metallstücke durch den Körper bohren und wir hoch oben in einem Baum hängen bleiben und elendiglich unter qualvollen Schmerzen dort langsam verrecken!"

Eine unheimliche Stille, dann kommt es um eine andere Ecke: "Sie könnten uns auch abschießen! Wäre in letzter Zeit nicht das erste Mal!"

Au scheiße, jetzt beginnt das Boarding....

Wenn jetzt nochmal Jemand meint, Flugangst könne man so einfach abschalten, dann irrt er ganz gewaltig!

Think BIG

Wenn man in den Weihnachtsferien drei Wochen lang in Amerika unterwegs ist, dann lernt man schnell in anderen Dimensionen zu denken. „Think big." - ist dann tatsächlich angesagt.

So ist unser Mietauto denn auch der kleine Bruder eines Monster-Trucks, ich kann gerade eben noch über die Kühlerhaube blicken, wenn ich neben dem Vorderreifen stehe.

Allein bei dem Gedanken, mit diesem Schiff in eine Parklücke zu manövrieren ohne dabei die daneben stehenden Fahrzeuge schlichtweg unter uns zu begraben verursacht den ersten kalten Schweißausbruch. Beim Einsteigen ist es ein wenig so, als erklimme man einen Lastkraftwagen.

Zum Glück sind die Straßen auch „big", vier bis sechs Spuren in eine Richtung – ich entscheide mich für die Mitte, damit ich nicht rechts oder links an die Leitplanken kratsche.

Das Innere Ich gähnt. Es hat auf dem 12-Stunden-Flug von Zürich nach Las Vegas ausgiebigst das Unterhaltungsprogramm der Edelweiß-Airline genossen und sich einen Film nach dem Anderen rein gezogen. Jetzt hat es dicke dunkle Ränder unter den Augen und kann sie kaum offen halten.

„Wenn ich eingeschlafen wäre, hätte ich ja schließlich den Absturz verpasst, der zum Glück nicht stattfand." Mault es und gähnt wieder.

Auf der Fahrt zu dem Hotel an Las Vegas` „Strip" meldete sich bereits auf der Autobahn der kleine Hungergeist und kitzelte unseren Sohn am Gaumen. Und wenn man doch im Heiligen Land der belegten Weißbrötchen Urlaub macht, dann ist doch genau jetzt der richtige Zeitpunkt, sich einen zünftigen Burger zwischen die Zähne zu schieben!

Leider verhält sich „Murphys Law" allerdings auch in Amerika nicht anders und es ist so, dass man immer in der langsamsten Warteschlange steht, wenn man es eilig hat. Oder weit und breit keine Toilette zu finden ist, wenn man mal ganz nötig muss.

Genauso kommt einfach keine Burger-Schmiede und so langsam zweifeln wir, ob denn dieses weltbekannte Vorurteil, in Amerika an jeder Ecke einen Burger zu bekommen, überhaupt der Wahrheit entspricht...

Irgendwann meint Jakob dann: „Wenn wir gar nichts finden, dann können wir ja ein bisschen am Straßenrand nagen."

Normaler Weise hätte das Innere Ich an dieser Stelle bereits gelacht und ihm gratuliert, es hat sich aber mit seiner Lieblings-Kuscheldecke bereits in einer Ecke eingerollt und schnarcht vor sich hin.

Darum frage ich einigermaßen einfältig: „Hä?"

Da grinst unser Sohn breit und erklärt: „Na, schließlich ist es doch ein `Börger-steig` !"

Ich liebe ja diese Wortspiele... Und mein Freund, der Pfarrer, übrigens auch. Auf einer Party an einem Samstagabend, auf welcher wir uns getroffen hatten, musste er sich beizeiten verabschieden und tat dies beim Gastgeber mit den entschuldigenden Worten: „Ich muss ja morgen früh arbeiten."

Der Gastgeber tat sein Mitleid für ihn kund, in dem er bedauernd sagte: „Ach, Gott!"

Der Pfarrer lächelte bestätigend und antwortete: „Richtig, um den geht`s!"

Las Vegas

„Mach den Mund zu, dass sieht total bescheuert aus."
Ruft das Innere Ich, während ich fassungslos durch die
Scheibe des Autofensters in diese fremde, glitzernde und
in allen Farben blinkende andere Welt hinaus starre.

„Viel zu viele Informationen in viel zu kurzer Zeit." Wehrt
sich das Innere Ich und steckt sich zwei Tampons in die
Ohren, weil es die Ohrstöpsel gerade verlegt hat.

Riesige leuchtende Werbeflächen schwirren wie
Schmetterlinge um uns herum, Menschen drängen sich
als wabernde Masse auf den Gehsteigen, in allen
Hoteleingängen sieht man schon von außen die Armeen
der Einarmigen Banditen stehen. Aus mehreren Meter
hohen Boxen, welche sich vor den Casinos über den
Köpfen der Menschen erheben dröhnt ohrenbetäubende
Musik, welche sogar die Autoscheiben noch vibrieren
lässt.

Auch in unserem Hotel, dem Treasure Island piepen,
klingeln, düdeln und rasseln die Automaten und fressen
gierig die Geldstücke der Spieler.

Das Innere Ich schaut sich das eine Weile an und
verschränkt dann trotzig die Arme vor der Brust.

„Ich werde da nicht eine einzige Münze hinein werfen."
Stellt es fest und beobachtet die Spieler, welche fixiert
die Lichtspiele des Geldeintreibers vor ihnen anstarren,
in der einen Hand noch mehr Futtermünzen und in der
Anderen die Zigarette, um die Nervosität in Schach zu
halten.

Wir setzen uns in ein Restaurant, von wo man einen
guten Blick auf das Casino und die durcheilenden
Menschen im Hotel hat und bestellen unseren ersten

amerikanischen Burger. In Amerika sind nicht nur die Autos groß, sondern auch die Portionen!
Der eine Brocken hätte für uns drei komplett ausgereicht, dazu gibt es noch gefühlte 2 Kilo Pommes Frittes, nicht einmal Jakob kann seinen Burger aufessen. Zum Glück habe ich nur einen Salat bestellt aber auch der hätte für eine Wochenration gereicht!

Verstohlen schielt das Innere Ich zu den Menschen, welche über die dicken Teppiche laufen.
„Jaja, von nichts kommt nichts." Meint es und mir wird bewusst, dass fast jeder Zweite hier übergewichtig ist. Und teilweise wirklich unglaublich fett.
Ich kapituliere bei meinem Salat bereits bei der Hälfte.

Dann geht es den „Strip" entlang.
Das Einzige, was dem Namen in unserem Sinn nahekommt ist allerdings der überdimensional große Werbebildschirm, auf dem die Chippendales ihre eingeölten Körper verführerisch zur Schau stellen und ich ertappe das Innere Ich dabei, wie es durch einen Spalt zwischen den Fingern der vorgehaltenen Hand hindurch schielt.
„Ha!" Schmunzele ich. „Hab`s gesehen!"
„Kann ja nichts mehr passieren." Meint es schnippisch und deutet auf meinen Ehering. „Ich schaue eher wegen den anatomischen Gesichtspunkten."
„Klar." Grinse ich und versuche auszublenden, dass es gerade viel zu viele Menschen auf viel zu engem Raum sind und das alles um mich herum dudelt und blinkt.

Trotzdem schafft es diese Stadt, mich in den Bann zu ziehen, ich laufe hinter Michel und Jakob her und gaffe, wie ein kleines Kind in ein Weihnachtsschaufenster, auf dieses pulsierende und vollkommen surreale Treiben. Es ist wie ein Sog, dem ich mich nicht entziehen kann und eigentlich auch gar nicht möchte. Ich möchte auch in diesem berauschenden Farbensturm mittanzen. Auch herum wirbeln in der Glamourwelt mit Hang zur Verrücktheit und grenzenlosem Übertreiben.

„...und führe uns nicht in Versuchung." Mahnt das Innere Ich und dreht ein paar Lampen aus der Leuchtreklame für eine Zaubershow „The illusionist". Jetzt steht da nur noch „ill", was übersetzt „krank" bedeutet.

Es steckt sich selbst in einen schwarzen Zylinder und verpufft als schwarzer Rauch im Nichts. „It`s magic!" Hallt es im Hirn nach.

Ich gehe kopfschüttelnd weiter und stecke jedem Obdachlosen einen Ein-Dollar-Schein zu, bis mein Geld alle ist.

Klar, wenn die Portionen so riesig sind, sollte man wenigstens Sport machen, um nicht als Kugelmodell aus dem Urlaub zurück zu kehren.

Also ziehe ich morgens um sieben meine Turnschuhe an und laufe durch ein verschnarchtes Las Vegas.

Die Luft hängt wie zähes Kaugummi zwischen den Häusern, die Obdachlosen liegen in Decken oder Schlafsäcken (immerhin ist es Dezember) auf den Abluftgittern der Läden und schlafen ihren Rausch aus. Die Sonne hat die elektrischen Lichter vertrieben, nur die Boxen haben noch nicht mitbekommen, dass die Menschen schlafen gegangen sind und plärren ihre dröhnende Musik über die Straßen.

„Danke, " sagt das Innere Ich gequält als ich daran vorbei laufe und mir die Ohren zu halten muss, „jetzt bin ich jedenfalls wach."

Es ist ein ernüchterndes Erlebnis, morgens um sieben durch Las Vegas zu laufen. Vom Glamour und dem überschäumenden Treiben ist nichts mehr übrig geblieben als eine abgeliebte, abgeschminkte Stadt, welche die müden Augen zugemacht hat und sich für den Abend erholt, an dem sie wieder ihre Straßen für Geld öffnet.

„Vielleicht heißt es deshalb `Strip`." Überlegt das Innere Ich. „Weil sich die Stadt abends mit Licht schmückt wie eine Bordsteinschwalbe und die Menschen für deren Geld verführt."

Der Zauber des gestrigen Abends ist verflogen, wie eine Gardine die man aufzieht und das wahre Licht ins Zimmer lässt. Es dringt in alle Ritzen und verscheucht das Aufgesetzte und Künstliche, zurück bleibt die Wahrheit und die ist gar nicht so verzückend…

Los Angeles

Die Traumfabrik, die Filmschmiede, die Stadt der Stars und Sternchen…

Um es kurz zu machen: Außer Rihanna haben wir keinen Star zu Gesicht bekommen und selbst sie fuhr uns nur mit ihrem Auto entgegen, kurz vor ihrem Haus.

Im Gegensatz zu Las Vegas ist Los Angeles eigentlich ganz gemütlich, wenn man nicht gerade abends versucht, auf dem „Walk of fame" die Namen der Sterne im Asphalt zu lesen oder vor dem chinesischen Tor ein

Foto zu machen, auf dem man ohne die anderen Touristen zu sehen sein will.

Auf jeden Fall ein „Muss" ist ein Besuch bei einem Filmstudio, in unserem Fall der „Universal-Studios-Film-Park". Tolle Sache und trotz der Menschenmassen hatten wir fast 7 Stunden dort richtig Spaß. Ich bin sogar in die „Fahrgeschäfte" mit eingestiegen – wenn auch nicht so ganz freiwillig und nach dem Ersten auch nicht mehr ganz nüchtern.

Das Innere Ich rollt mit den Augen. „Erzähl von vorn, sonst kann das doch niemand verstehen."

Na gut...

Nach einer Rundfahrt durch das Gelände mit Informationen und einer erschreckend realistischen Begegnung mit Godzilla (Jakob bekam einen Lachanfall und quietschte: „Mama ist soooo peinlich!") stellten wir uns in eine Warteschlange zur ersten Attraktion. Zum Glück war es keine Achterbahn, sondern ein Simulator, was das Ganze nicht besser machte...

Das Innere Ich ist ja nun bekanntlich mit Phantasie im Übermaß gesegnet und kann einen Simulator innerhalb von dem Bruchteil einer Sekunde nicht mehr von der Wirklichkeit unterscheiden. Da hilft es auch nichts, wenn der Bildschirm die plakative Zeichentrickwelt der Simpsons darbietet. Das „Auto" oder was immer der Sitz in dem wir uns befinden darstellen soll und in dem wir durch Sicherheitsbügeln in die Sitze gepresst werden, bewegt sich in alle Himmelsrichtungen, Geräusche, Wasser sowie Wind lieferten den Rest zur perfekten Illusion. Nach den ersten Sekunden spüre ich bereits, wie das Blut in die Füße läuft oder sonst wohin - im Kopf ist es jedenfalls nicht mehr. Das Innere Ich wird kreideweiß und fängt an zu zittern.

Darum kneife ich ganz fest die Augen zu und öffne sie erst, nachdem alles wieder ruhig ist und der Sitz stillsteht. Nach diesem Schreckmoment ist mir nach einem Kaffee. Und, um das Nervenkostüm etwas zu beruhigen, bestelle ich mir einen Irish Coffee.

„Zeigen Sie mir bitte Ihren Ausweis." Lächelt die Bedienung freundlich.

Das Innere Ich quietscht vor Lachen, während ich die Frau irritiert anschaue. Ich bin über 40 Jahre alt! Und ich bin mir ziemlich sicher, dass ich nicht für eine unter 21 Jährige gehalten werden kann.

„Schade eigentlich." Frotzelt das Innere Ich kichernd. Es hat eine blonde Perücke auf, setzt eine dunkle Sonnenbrille auf die Nase und malt sich einen Schönheitsfleck neben die Lippen.

Leider habe ich aber keinen Ausweis dabei und so rettet Michels Kollege, den wir in Amerika getroffen haben, die Situation, indem er mit seinem Ausweis bestellt.

In dem Irish Coffee ist allerdings dermaßen viel Alkohol, dass ich (durch die Droge mutig geworden) mit in die nächste Attraktion gehe.

Diesmal ist es ein animierter Film aus der Reihe „Ich – einfach unverbesserlich" und auch hier geht es mit einem Simulator auf rasante Fahrt. Und diesmal mache ich die Augen nicht zu.

„Es ist schrecklich…" Das Innere Ich zieht den Kopf ein und hat vor lauter Grauen eine Gänsehaut. Weiße Haare stehen ihm zu allen Seiten vom Kopf ab und die Augen sind weit aufgerissen. Es sieht aus, wie Doc Brown aus dem Film „Zurück in die Zukunft" und ist ganz nahe am Kollabieren. Wir fliegen durch die Gegend, werden fast von Zahnrädern zerquetscht, schlagen fast nach einem freien Fall auf und entkommen nur ganz knapp dem sicheren Tod.

Was soll ich sagen, ich bin jedenfalls jetzt heiser vom Schreien und das Personal grinst ziemlich...

Als Jakob an ihnen vorbei geht meint er nur: „Ich kenn` die nicht!" und das Innere Ich schreit aufgebracht: „Verräter!", während ich gar nichts sagen kann und nur versuche, den Mageninhalt dort zu lassen, wo er gerade ist.

Ich habe an diesem denkwürdigen Nachmittag noch mit Schreck seine Fiona und mit Autos, die sich zu Monstern aufgeklappt haben, die Welt gerettet.

Die Nummer fällt auf jeden Fall in das Kapitel „face your fear" und ich beantrage für mein außerordentlich mutiges Mitmachen die goldene Mütter-Helden-Medaille!

Doppelt gemoppelt

Unser Familien-Lebenszug fährt weiter und wird uns an der nächsten Station, in Istanbul, Türkei, rauslassen. Nun heißt es, den Umzug zu organisieren, die neue Schule besichtigen, sich eine Wohnung suchen und so weiter.

Die Firma bietet die Möglichkeit, einen „Look-and-see-Trip" zu unternehmen, um dies vor Ort erledigen zu können.

Da unser Sohn alt genug ist, um selbst entscheiden zu können, auf welche Schule er gehen möchte, ist er mit dabei.

„Was soll das eigentlich?" Fragt er im Hotelzimmer, während wir unsere Sachen in die Schränke räumen. „Look and see - Das heißt übersetzt `Schauen und sehen`. Das ist doch das Gleiche."

Das Innere Ich grinst vergnügt, darüber hatte ich bisher noch nie nachgedacht! Aber tatsächlich: Wenn man es genau betrachtet, dann hat der junge Mann durchaus Recht. Es ist ein doppelt gemoppelter Ausdruck.

Das Innere Ich hat eine Nickelbrille auf und fängt fachmännisch an zu simpeln.

„Tautologie!" Ruft es wichtig in ein Mikrophon an einem Rednerpult.

„Was für`n Ding?" Frage ich irritiert, denn ich bin sicher, dieses Wort noch niemals gehört zu haben.

Das Innere Ich zieht eine Schublade unter dem Pult auf und entnimmt eine vergilbte Pergament-Rolle.

„Dies sind Aufzeichnungen aus deiner Schulzeit." Sagt es ernst und mit einem gewissen Anteil Vorwurf in der Stimme. „Tautologie bezeichnet in der Stilistik und Rhetorik eine rhetorische Figur, bei der mit einer inhaltlichen Wiederholung (semantischen Redundanz) gearbeitet wird. Ein Gegenbegriff zu Tautologie ist das Oxymoron. Bewusste Tautologien werden in sogenannten „Zwillingsformeln" geprägt."

Ich hebe unwissend die Schultern.

„Zwei Zwillinge!" Bellt es mich an, als sei ich nur durch Schwerhörigkeit unwissend. "Weißer Schimmel!"

Jetzt habe ich verstanden: „Klar, wenn Dinge zweimal erklärt werden, obwohl es eigentlich schon gesagt war. Die Schwangere, die ihr Kind austrägt."

„Genau", grinst das Innere Ich. „Es kommt ja ganz selten ein Elefant oder ein Kaninchen heraus."

„Wenn es in der Dämmerung langsam dunkel wird." Ich kichere.

„Die tote Leiche." Das Innere Ich hat im Hintergrund die Tatort-Musik laufen. „Ich habe sie mit meinen eigenen Händen angefasst!"

„Muhahaha, und das Eis war kalt!" Ich habe Spaß an solchen Sachen. „Aber bei Mord habe ich vom Feeling her ein ganz schlechtes Gefühl."

Das Innere Ich hat einen Buckel, läuft am Stock, welchen es mit gichtigen Fingern umklammert. Es hat schlohweiße Haare und redet mit brüchiger, zittriger Stimme:

„Ich bin ein alter Greis. Das Leben ist wahrlich kein kostenloses Geschenk. Es ist nicht wie eine runde Kugel und lässt sich auch nicht stillschweigend ertragen. Dafür glitzert es in vielen bunten Farben."

Ich bin beeindruckt: „Hey, das waren ja gleich fünf Tautologien auf einmal!"

Etwas gelangweilt, als wäre das eine seiner einfachsten Übungen schnippst es sich einen Krümel von der Schulter und erwidert gedehnt:

„Nun ja, es waren aber auch einige Pleonasmen dabei."

Manchmal macht es mich wahnsinnig....

Der erste Ausflug

Inzwischen ist zumindest ein Teil unserer Umzugsgüter, nämlich die aus Deutschland, angekommen. Jakob und ich haben die „Nestbau-Phase" soweit abgeschlossen und ich bin hungrig auf neue Abenteuer.

Darum haben wir gestern zu zweit einen Ausflug gemacht. Dabei ließen sich direkt zwei Dinge verbinden: Wir brauchten noch ein paar Sachen aus dem Supermarkt und wir wollten Go-Kart-Fahren.

Das Innere Ich grinst breit und schaut von seinen Türkisch-Vokabeln auf.

„Eigentlich müsstest du jedes weitere u als ü und jedes o als ö schreiben. Außerdem vor jedes zweite k ein c. Dann sieht es aus, als könntest du flüssig türkisch schreiben aber jeder Deutsche könnte es verstehen."

Ich ziehe zweifelnd die Stirn in Falten. „Glaube nicht, dass das klappt."

Das Innere Ich ist genervt: „Du müsstest die Lettern halt benützen…"

Nün güt. Versüchen wir`s.

„Und hinter jedes i noch ein y!" Flüstert das Iynnere Iych.

Wiyr führen also zum Carreföur, weiyl der iyn seiyner Parkgarage eiyne Gö-Ckart-Bahn hat. Züerst war iych niycht ganz siycher, öb das wiyrckliych eiyn geeiygneter Äüsflüg für eiynen Elfjähriygen iyst.

Aber nachdem iych von eiyner diycken Benziynwolcke ümgeben lösrattert, machte es eiynfach nür nöch Riyesenspaß!

Das Iynnere Iych kiychert ünd freüt siych über diye pseüdo-türkiysche Schriyft.

„Schluss!" Rufe ich, denn meine Finger verkrampfen sich bereits, weil sie sich so vehement dagegen sträuben. Das Rechtschreibprogramm ist auch schon ganz durcheinander...

Es war jedenfalls ein toller Ausflug. Schön ist ja auch, dass es weit weniger kostet, als der gleiche Spaß in Deutschland, so könnte man das vielleicht öfter mal machen.
Ich bin sogar todesmutig im öffentlichen Straßenverkehr unterwegs gewesen – wenn man schon lange kein Auto mehr gefahren ist, ist sowas eine durchaus anspruchsvolle Beschäftigung.
Das nächste Mal traue ich mich vielleicht schon so schnell zu fahren, dass die LKW`s nicht die ganze Zeit laut hupend links und rechts an mir vorbei ziehen müssen. Das geht nämlich ganz schön aufs Trommelfell...

Nach diesen pferdestarken Abenteuern machten wir dann noch einen Besuch im Reitstall, welcher gerade mal 5 Minuten von unserem Compount weg ist. Ein großer Hof, modern und sauber und sehr gepflegte Tiere. Also haben wir gleich mal Reitstunden für den Jakob klar gemacht. Er war ja schon zweimal in den Reiterferien und freut sich drauf, es hier endlich auch weiter machen zu können.

Da seine Reitsachen allerdings noch in Deutschland sind, werde ich wohl morgen früh ganz allein in den Berufsverkehr eintauchen müssen...

Vielleicht finde ich ja irgendwo ein Geschäft, in dem man Schiffs-Hupen kaufen kann? Dann lasse ich mir eine in Größe „Kreuzfahrt-Schiff" aufs Dach montieren, damit ich den hupenden LKW`s mal ordentlich was entgegen zu setzen habe.

Das Innere Ich nickt begeistert, setzt sich eine Seemannsmütze auf den Kopf und hängt sich eine Pfeife in den Mundwinkel.

„Dann wären wir zumindest akustisch auf einer Augenhöhe." Schmunzelt es und nimmt einen tiefen Zug.

Angekommen

Der Rasen blickt mir mit einem satten Grün entgegen. Die Sonne strahlt von einem wolkenlosen, azurblauen Himmel mit wärmenden Streicheleinheiten für die Haut auf mich herunter, während ich es mir in einem Schaukelstuhl vor der Haustür bequem mache.

Für Anfang Februar ist es hier in Istanbul schon richtig frühlingshaft – selbst, wenn wohl noch einmal ein paar Flocken Schnee herunter kommen werden.

Das Innere Ich zählt die Grashalme der Wiese und freut sich über jeden Einzelnen. Jetzt erst, wo ich die verschiedenen Vögel am Himmel rufen höre, im Farbenmeer der Natur bade und das Licht in mich aufsauge merke ich erst, wie sehr mir das im russischen Winter gefehlt hat.

Nun ist das neue Haus bezogen, selbst wenn wir noch auf die beiden Umzugswagen aus Deutschland und

Russland warten. Und es ist so wunderbar ruhig – nach mehreren Jahren Innenstadt Großstadt so wohltuend wie eine Ayurveda-Massage.

Das Innere Ich kniet noch immer auf dem Rasen und blickt nun hoch. Mit einem geringschätzigen Lächeln schüttelt es den Kopf.

„Du weißt doch überhaupt nicht, was Ayurveda ist." Sagt es.

„`Türlich weiß ich das!" Behaupte ich. „Das sind Wohlfühlmassagen. Wobei ich nicht sicher bin, ob der Patient sich wohlfühlt, wenn der Masseur mit nackten Füßen einen Stepptanz auf seinem Rücken hinlegt oder ob sich einfach die Brieftasche des Knochenkneters wohl fühlt, weil solche angeblich gesundheitsfördernden Maßnahmen in der Regel ganz schön kostspielig sind."

Nach dem Selbstversuch mit dem Milchbad bin ich Anwendungen, bei denen man sich nicht selbst aktiv um die eigene Verschönerung bemühen muss, sehr skeptisch gegenüber. Also Sport – ja. Schönheit durch irrsinnig teure Cremes, die über Nacht die Haut reparieren – nein.

Bewegung und zum Entspannen in die Sauna – ja. Auf eine Pritsche legen und Jemanden die Lizenz zum Rippenbrechen geben, in dem er auf mir herumlatscht – nein.

Das Innere Ich seufzt, setzt sich in den Schneidersitz und hat den Körper in ein buntes Tuch geschlungen. Auf seiner Stirn sitzt ein Punkt. Es schließt die Augen, legt Mittelfinger und Daumen aneinander und diese mit Bedacht auf den Knien ab.

Um das Innere Ich herum wabern Rauchschwaden von ganzen Büscheln Räucherstäbchen und das gleichmäßige tiefe Tönen einer Klangschale. Seine Stimme ist weder laut noch leise, weder fröhlich noch traurig, die Worte verlassen seinen Mund als einziges Sein im Raum:

„Wörtlich übersetzt bedeutet Ayurveda Lebensweisheit oder Lebenswissenschaft. Der Begriff stammt aus dem indischen Sanskrit und setzt sich aus den Wörtern Ayus (Leben) und Veda (Wissen) zusammen. Ayurveda ist eine Kombination aus Erfahrungswerten und Philosophie, die sich auf die für menschliche Gesundheit und Krankheit wichtigen physischen, mentalen, emotionalen und spirituellen Aspekte konzentriert. Dadurch hat Ayurveda einen ganzheitlichen Anspruch. Es hat durchaus seine Berechtigung und nicht jeder Masseur ist ein Scharlatan. Richtiger ist, dass es derer zum Glück sehr wenige gibt. Die Anderen machen einen verdammt guten Job am Menschen und sollten hochgelobt werden."

„Angeber." Antworte ich und verschränke die Arme vor dem Oberkörper. „Außerdem weiß ich, dass du das nachgeschaut hast."
Das Innere Ich öffnet ein Auge einen Spalt und grinst selbstgefällig: „Woher man etwas weiß, ist doch egal. Hauptsache, man weiß es."
(Zitat: Günther Jauch oder auch einem Anderen, jedenfalls stammt diese Weisheit nicht vom Inneren Ich!)
„Wirst du noch weiter herumspiritualisieren?" Frage ich das Innere Ich.
„Kommt drauf an." Antwortet es.
„Worauf?" Frage ich.
„Darauf, wann du deinen Lesern in verständlichen Worten mitteilst, was du eigentlich sagen möchtest."

„Oh. Ja, richtig." Ich denke einen Moment nach und dann purzeln die Worte in schönster Postkarten-Manier aus den Fingern auf die Tastatur:
Wir sind gut angekommen in Istanbul und fühlen uns hier sauwohl!

Sturm

Draußen stürmt es einen tüchtigen Februar-Sturm. Die Bäume biegen sich ächzend unter der wütenden Naturgewalt und lassen sich wild an den Zweigen ziehen. Ich überlege, ob ich ein Feuer im Kamin anmache, damit es im Wohnzimmer ein bisschen gemütlicher wird.

„Au ja", meint das Innere Ich skeptisch, „und dann fegt der Sturm über den Schornstein und zieht dir das ganze brennende Holzscheit nach oben weg! Es fliegt bis zum Nachbarhaus, schlägt ein donnerndes Loch in die Ziegel und setzt den Dachstuhl der Villa in Brand! Sirenen werden heulen und Feuerwehrautos werden mit Blaulicht und Sirenengeheul durch den Compound jagen. Es werden hustende Menschen aus dem Haus gerettet werden und das Baby, welches in einer dramatischen Rettungsaktion gerade noch herausgeholt werden konnte, wird in die Arme der weinenden Mutter gegeben."
Das Innere Ich hat einen Feuerwehranzug an, schreit den Kameraden etwas zu und umklammert mit aller Kraft einen Wasserschlauch. Um es herum tobt der Sturm, dichter Qualm behindert die Sicht. Zweige fliegen wie Peitschen durch die Gegend, Menschen schreien.

„Meinst du nicht, dass du ein ganz kleines Bisschen übertreibst?" Frage ich und bemerke, dass das Feuer sich auf die ganze Siedlung ausgebreitet hat und die Leute wie von Sinnen versuchen, ihre Haut und ihr Eigentum zu retten. Möbel werden aus den Fenstern geworfen, Einige springen in die eiskalten Pools, um der Feuersbrunst zu entkommen.

Ein Weltuntergangs-Szenario!

Ohrenbetäubender Lärm liegt zwischen den Häusern. Eine Komposition aus Klirren, Bersten, Metallklängen, Wasserrauschen, dem Fauchen der Flammen, das Heulen des Sturms und die Schreie menschlicher Verzweiflung.

Ein Feuerwehrauto explodiert und ein Feuerpilz strebt dem schwarzen Himmel entgegen.

„Ey!" Murre ich. „Autos explodieren nicht so einfach. Und Feuerwehrautos schon gar nicht."

„Egal, aber es sieht gut aus!" Schreit das Innere Ich gegen den Lärm an und der nächste Löschzug geht in die Luft. Die Leiter fliegt mit metallischem Getöse durch die Luft und kracht gegen eine Tanne, welche berstend mit dem Geschoss zu Boden geht. Bizarr ragen die heraus gerissenen Wurzeln durch die verbogenen Sprossen und der Wind intoniert darauf ein lautes Pfeifen.

Ein Feuerwehr-Helm kullert die Straße hinunter, in seiner schützenden Hülle klafft ein breiter Riss. Mir wird übel und ich bekomme keine Luft.

Der entwurzelte Baum hat zudem einige dicke Zweige eingebüßt, welche mit der nächsten Bö durch die krachende Scheibe in mein Wohnzimmer geweht werden. Glassplitter fliegen mir um die Ohren und ich schütze mein Gesicht mit den Armen.

„Hey!" Das Innere Ich freut sich. „Guck mal, damit könnten wir ein Feuerchen im Kamin anmachen, dann wird es im Wohnzimmer ein bisschen gemütlicher!"

„Nein." Sage ich, noch immer etwas blass von dieser Vorstellung. „Kein Feuer."

Schneefrei

Kurz vor Mitternacht klingelt das Telefon.
„Morgen fällt die Schule aus, wegen Schnee!" Erklärt mir eine Mutter aus Jakobs Klasse. Ich bin noch verschlafen und nicke.
„Das kann sie nicht hören, du musst schon verbal nicken." Gähnt das Innere Ich und reibt sich die Augen.
Jakob neben mir ist auch wach. „Ich muss meine Lehrerin anrufen, ich bin der Letzte der Telefon-Kette unserer Klasse." Sagt er und tut es.
Während er seiner Lehrerin Meldung macht, schaue ich hinaus in den Garten.
Nun gut, hier und dort sind die Sträucher ein bisschen eingezuckert. Aber gleich Schneefrei zu geben, wegen drei verirrten Flocken?

Nunja, wenn die Regierung Istanbuls allen Schulen dieser Stadt schneefrei verordnet, dann ist das eben so. Zufrieden kuscheln wir uns wieder unter die Decken und schlafen weiter. Wenn der Hausherr nicht daheim ist, wird sein Bett in der Regel vom Sohn besetzt, wie auch im Moment.

„Der Wecker…" Murmelt das Innere Ich im Wegdriften und ich haue der Aufsteh-Hilfe aufs Haupt, um es mundtot zu machen.

Am nächsten Morgen ist es ungewöhnlich hell im Zimmer. Und dann staunen wir nicht schlecht: Draußen wütet ein wahrer Schneesturm. Die Sicht endet nach wenigen Metern in einem dichten Weiß, dicke Flocken stieben ums Haus und auf allem liegt eine ca. 10 cm dicke Schneedecke.

„Donnerwetter." Meine ich anerkennend und das Innere Ich applaudiert Petrus zu dieser gelungenen Überraschung.

Und nach einem gemütlichen Frühstück sitze ich nun hier und betrachte die weiße Winterwelt.

„Schnee auf Palmen sieht irgendwie falsch aus." Meint das Innere Ich und ich muss ihm zustimmen. Die Gärten und Häuser hier sind nicht wirklich auf schneereiche Winter ausgerichtet. Hoffentlich drückt es nicht die Dachziegeln raus.

Dann durchzuckt mich ein ganz anderer Gedanke: Der Wintergarten hat ein Glasdach. Und das ist nicht gerade dick. Und Schnee ist schwer…

„Na, macht ja nüscht, wir machen im Wintergarten einfach die Heizung an und dann schmilzt der Schnee einfach ab."

Gute Idee.

Klappt aber nicht, weil die Wintergarten-Heizung heute Morgen keine Lust hat, ihren Dienst zu verrichten und bockig sein Gebläse einstellt. Na, toll – ausgerechnet jetzt…

Den Schnee von oben weg zu schippen geht auch nicht, denn ich bezweifle, dass man sich auf das dünne Glasdach stellen kann. Außerdem ist unser Schneeschieber noch im Umzugs-Container und der ist noch nicht da.

Das Innere Ich reibt sich wie Wickie aus Flake an der Nase und schnippt dann mit den Fingern. Um es herum fliegen die Sterne nach allen Richtungen.
„Jaja, ist gut, du hast eine Idee." Meine ich.
„Stimmt. Es hat mir mal jemand gesagt, dass eine Kerze so viel Wärme an die Umgebung abgibt, wie ein Mensch. Wenn wir also ganz viele Kerzen im Wintergarten aufstellen, geht die Wärme auch nach oben und schmilzt den Schnee, bevor er durch die Decke herunter bricht."

Gut, dass wir beim IKEA neulich gleich mehrere Pakete Teelichter gekauft haben. Wer schon einmal 200 Teelichter auf dem Steinboden eines Wintergartens aufgestellt und angezündet hat, der weiß, dass das für die Knie eine anstrengende Sache ist.
„Jetzt mach keinen auf Mitleid, sondern sieh zu, dass die Kerzen nicht zu nah aneinander stehen, sonst gibt das hier nämlich ein Höllenfeuer, wenn sie zu heiß werden und das Wachs selber zu brennen beginnt." Erinnert das Innere Ich.
„Jaja…" Erwidere ich und entzünde Licht um Licht. Es dauert nicht lange und der Raum wird spürbar wärmer.
„Hihi, wenn das Leute wären, dann hättest du jetzt hier eine ziemliche Party." Kichert das Innere Ich und verteilt Häppchen an imaginäre Gäste.

Nach etwa einer Stunde beginnt es vom Dach zu tropfen und Tropfen um Tropfen fließen die verwandelten Schneeflocken außen an den Scheiben hinunter.
Na also, geht doch!

Scurril

Der Schnee ist geschmolzen und die Wiese im Garten komplett matschig. Das Innere Ich zwingt mich an einem Sonntagmorgen die Schuhe und Strümpfe auszuziehen und barfuß im Matsch herum zu treten.
„Das ist gesund!" Behauptet es, während ich zähneklappernd versuche die Kälte zu ignorieren. „Sebastian Kneipp! Und ganz umsonst, es kostet nix." Ruft es begeistert.

Ein Geräusch welches sich anhört wie eine Mischung aus Ablehnung, Unglauben und Jammern ist mein einziger Kommentar dazu.
Ich spüre den Matsch, der wie glitschige, kalte Finger zwischen meinen Zehen empor flitscht. Es kitzelt. Kaltes Kitzeln.
Ein Wachmann vom Compount geht am Zaun entlang und schaut etwas irritiert. Es ist Februar, das Thermometer zeigt 11 Grad und ich stehe mit hoch gekrempelter Hose im Schlamm...
Ich versuche souverän zu lächeln und so zu tun, als sei das völlig normal. Sein Gesicht mit der hochgezogenen Braue verrät, dass mir das misslungen ist...

„Salatalik!" Rufe ich ihm laut zu. Das heißt auf Türkisch „Gesund!" Sein Blick wird nur noch irritierter. Er ist stehen geblieben und schaut mir stumm beim Schlammtreten zu.

Das Innere Ich wiehert vor Lachen und Tränen laufen ihm über die Wangen.
„Was amüsiert dich so?" Frage ich konsterniert.
„Du hast nicht `Gesundheit` gesagt." Jappst es kichernd.
„Du hast gesagt: `Gurke!` Das Wort für Gesundheit heißt `sağlıklı`."
Mist.
Zumindest klingt es ein bisschen ähnlich. Wenn man es aus seiner Sicht betrachtet, dann macht man als Wachmann seine Runde und sieht die neue Ausländerin in ihrem Garten barfuß herum spazieren und als Begrüßung ruft sie: "Gurke!"
Ich gebe zu, ich wäre auch irritiert...

„Rückzug!" Entscheide ich und stakse zur Haustür. „Das war ziemlich skurril."
Das Innere Ich lacht immer noch.
„Na, ob skurril das richtige Wort ist, muss man noch mal überlegen." Meint es. Ich wasche mir die Füße im warmen Wasser ab. – Was für eine Wohltat!

„Eigentlich kommt das ja aus dem Lateinischen und bedeutete ursprünglich „scurra", der Stutzer oder Possenreißer. Dieser versuchte sich mit derben Witzen oder Späßen Zutritt zur Tafel zu verschaffen. Allerdings nicht intellektuell und geachtet, wie zum Beispiel ein `Narr`, sondern eher plump und verächtlich. Als `Scurra` betitelt zu werden, war sicherlich nicht erstrebenswert."

Das Innere Ich klappt das Buch, aus dem es dies vorgelesen hat, wieder zu.

Ich trockne mich ab und bemerke, wie wunderbar warm meine Füße jetzt sind.

„Naja, aber heutzutage steht das Wort doch eher für `verschroben` oder eigenartig." Stelle ich fest.

Das Innere Ich ist komplett in schwarzem Lack gekleidet und hält eine Peitsche in der Hand.

„Das ist bizarr." Sage ich.

„Oder skurril." Sagt das Innere Ich.

Ich denke einen Moment nach. „Aber für Leute, die das öfter machen und darin ihre Lusterfüllung haben, ist das ganz normal."

„Richtig. Wenn also alle Leute jeden Morgen eine Runde barfuß im Garten spazieren würden, wäre das also völlig normal. Und nicht skurril, verschroben oder eigenartig."

Es grinst breit. „Man könnte ja den Grad der Absonderlichkeit einteilen, ähnlich wie bei der Temperatur oder dem Schärfegrad Scoville. Ein Morgengang im Gras wäre also vielleicht höchstens bei 3 Scurill, während das Auspeitschen in Lack eher auf 7 Scurill käme, weil das einfach nicht so viele Leute angenehm finden würden."

„Ich werde das auf keinen Fall jeden Morgen machen!" Sage ich schnell.

Das Innere Ich lächelt hintergründig und schiebt sich ein Pfefferminz-Drops in den Mund. „Musst du auch nicht." Meint es leichthin. „Mir fällt bestimmt noch ganz viel Anderes ein…"

`Manchmal macht es mir Angst. ` Denke ich und sehe dem Inneren Ich zu, wie es Orangen auf die Spitzen des Gartenzaunes aufspießt...

Der Sinn des Seins

Ich beobachte ein Kind, welches ein Eimerchen mit Sand füllt und dann umdreht und damit den Inhalt wieder hinausrieseln lässt.

„Vielleicht ist das die Antwort." Sagt das Innere Ich leise.

„Worauf?" Frage ich.

„Auf die Frage, ob etwas von mir bleibt, wenn das Leben zu Ende ist."

„Ich verstehe nicht..." Murmele ich.

„Wenn ich mir vorstelle, dass das Leben einfach so zu Ende ist und nichts von mir übrig bleibt, dann ist das ein Infrage stellen meiner ganzen Existenz als Mensch. Ich müsste mich also fragen, warum ich dann überhaupt gelebt habe. Denn die Welt dreht sich nach mir noch ein paar Jahre weiter und wird mich kaum vermissen."

„Hm..." Mache ich. „Aber ich habe doch die Religion, auf die ich vertraue?"

„Das meine ich nicht. Es geht um den Sinn des Seins."

Au Backe. Da hat es sich aber ein schwieriges Thema vorgenommen. Eigentlich bin ich ja der Meinung, dass der Sinn des Lebens im Leben selbst liegt.

„Vielleicht ist ja das praktische Leben gar nicht so wichtig, sondern nur, dass man sich damit gedanklich auseinander setzt. Dass man im Laufe seines Lebens immer mehr Erkenntnisse bekommt über die existenziellen Fragen."

Es fährt mit einem Segway über die Hirnstraßen und ruft: „Nehmen wir an, jede Erfahrung, jede Erkenntnis wäre ein Sandkorn, welches von einem Kind in ein Eimerchen geschaufelt wird. Dann wird am Ende unseres Lebens das Eimerchen umgedreht und alles ist futsch. Was hätte das für einen Sinn gehabt?"

„Das es dem Schöpfer – in diesem Fall dem Kind – darauf ankam, dass der Sand ins Eimerchen kam." Erkenne ich. „Voll ist es nicht mehr sinnvoll und darum wird er wieder ausgeleert."

„Jepp." Stimmt das Innere ich zu. „Es ist also völlig wurst, ob etwas übrig bleibt, weil es wichtiger ist, das Eimerchen voll zu machen."

Befriedigt wickelt es sich einen Regenwurm um den Zeigefinger, steckt ihn in den Mund und isst ihn auf.

Sexgötter

Ich schlendere über den Gewürzmarkt Istanbuls und entdecke ein Schild:

„Turkish Viagra! If you take you can make love 5 times in the night"

Das Innere Ich ist erschüttert: „Ach herrje! Das muss doch wehtun!" Und ich muss ihm zustimmen.

Wer will das denn? Fünf Mal in einer Nacht? Das KANN gar keinen Spaß machen, sondern stellt höchstens eine sportliche oder disziplinarische Herausforderung dar.

Sex als Fitness-Ersatz? Und irgendwann ist doch jeder auch mal müde?

„Ha! Nicht, wenn man sich vorher die neuesten Aufputsch-Drogen reinzieht!" Ruft das Innere Ich und tut so, als ob es Ahnung davon hätte.

Was treibt die armen Männer nur dazu, sich einem derartigen Leistungsdruck auszusetzen und Pillen zu schlucken, damit der Körper über die Belastungs-Grenze gepeitscht wird?

Das Innere Ich blättert in etwas vergilbten Zeitschriften.

„Ich kann mir gut vorstellen, dass den Jungs früher öfter mal hanebüchene Dinge erzählt wurden, was Frauen angeblich von ihnen erwarten. Zum Beispiel, dass sich jedes Weib nach einem äußerst potenten Sexgott sehnt, welcher sie nachts um den Schlaf bringt, in dem er fünfmal bis zum Morgen über sie herfällt."

„Klar", sage ich und verdrehe die Augen, „da sind alle Frauen ganz wild drauf..."

Ich muss innerlich lachen, denn ich kann mich noch gut erinnern, dass in der Sportumkleidekabine in der Schule auch diverse Geschichten erzählt wurden. Geschichten, mit denen sich manche Mädchen wichtig machen wollten und angaben, wie viel `Erfahrung` sie mit Jungs schon hatten...

Damals blieb mir nichts anderes übrig, als die Erzählungen zu glauben, heute weiß ich allerdings, dass mindestens die Hälfte rein anatomisch gar nicht möglich wäre!

Und auch die Szene, in der das 15jährige Mädel es hinter dem Sofa mit ihrem Freund getrieben hat, auf dem seine Eltern saßen und angeblich nichts gehört haben, gehört wohl eher in die Welt der (Sex-) Märchen.

Gemein war auch der Hinweis, dass man beim ersten Mal blind werden könne, wenn man ʼesʼ zu spät macht. Also, wenn man älter als sechzehn Jahre ist. Ich war aber schon fast achtzehn und hatte wahnsinnige Angst, ich könnte mein Augenlicht verlieren...

Dämlich, was man alles glaubt, nur, weil man es nicht besser weiß und keinen hat, den man wirklich fragen kann.
In diesem Sinne:
Liebe Männer!
Es gibt nur ganz, ganz wenige Indikationen, die eine Einnahme von Viagra rechtfertigen. Wenn euch jemand erzählt, Mann müsste fünfmal in der Nacht – dann glaubt ihm nicht. Lasst die Liebe Liebe bleiben und macht daraus kein Sport-Ereignis. Olympische Disziplinen gibt es genügend, es braucht keinen Matratzensport mit Doping und Aufputschmittel.
Ein einziges besonderes und intensives Zusammenspiel ist eh mehr wert als eine durchgehoppelte Rammlernacht!

Bilder teilen

Hat sich eigentlich schon mal Jemand Gedanken darüber gemacht, wie schwierig es mittlerweile ist, sich neue Romanfiguren auszudenken? Das fängt schon mit dem Namen an. Im Idealfall sollte es nämlich eine Person mit diesem Namen gar nicht geben...
Trotzdem sollte der Name zur Figur und dem Umfeld passen, den Charakter unterstützen und möglichst gefällig sein, damit man die Figur wiedererkennt, selbst wenn man den Roman seit dem letzten Zahnarztbesuch vor zwei Jahren nicht mehr in der Hand gehabt hat...
Und sie sollte bei Google nicht bekannt sein.
Viola Lechtem, zum Beispiel. Oder Maurice de Cluys.

Habe ich nun zwei Namen, holt das Innere Ich einen Farbkasten hervor und beginnt, die Beiden unabhängig voneinander zu malen. In der Regel gefällt mir, was es malt, das Innere Ich ist in solchen Dingen recht gut.
Viola nun ist knapp Zwanzig, hat lustige, gesunde Apfelbäckchen, eine schlanke Figur, wunderschöne, lange, dunkle Haare, welche sich zum Ende hin ein wenig wellen. Ihre braunen Rehaugen blicken gefühlvoll und neugierig über das Stubsnäschen hinaus in die Welt. Im Ganzen macht sie einen offenen, lebensfrohen Eindruck.

Das Gegenstück Maurice, Mitte Dreißig ist eher ein Denker. Ein selbstbewusster, verantwortungsvoller Organisator und mit einer natürlichen Autorität ausgestattet, mit der es ihm gelingt, seine Untergebenen nach bestem Wissen und Gewissen zu führen.
Kantiges Kinn, glasklare blaue Augen, aristokratische Nase und helle Haare. Sportlich – aber nicht drahtig. Er

mag die Ruhe, die Beständigkeit, den Erfolg und die Natur.

Und noch während das Innere Ich fleißig den Pinsel schwingt und Viola in eine Alpenlandschaft hineinmalt, in der bunte Blumen auf einer üppig grünen Wiese wachsen, beginnt das junge Mädchen sich barfuß auf dieser Wiese zu bewegen. Ein glockenhelles Lachen erklingt und in wildem Kreisen dreht sie sich ausgelassen mit weit ausgebreiteten Armen über das Grün.

Irgendwann taumelt sie lachend und lässt sich, ungeachtet der feinen Garderobe ins Gras fallen. Ihre Gouvernante sammelt mit missbilligendem Schnalzen die dahingeworfenen Schuhe und Strümpfe auf, doch die Milde in ihrem Blick straft ihre Missbilligung Lügen, als Viola lächelnd seufzt: „Das wollte ich schon immer tun!"

Mehrere Tagesreisen mit der Kutsche entfernt legt Maurice die Stirn in dunkle Falten. Als ob er nicht mit dem Herrensitz genügend zu tun hätte! Zudem hatten die Schädlinge und Wetter der letzten Weinernte arg zugesetzt und nun gilt es, die Verluste zu kompensieren und im nächsten Jahr reiche Erträge einzufahren. Jetzt soll er auch noch das Mündel seines verstorbenen Vetters bei sich aufnehmen und sie auf ihre erste Saison vorbereiten!

Schlecht gelaunt blickt er auf den Brief in seiner Hand und entlässt unwirsch den Boten mit einer Handbewegung.

„Lass dir in der Küche etwas zu Essen geben, während ich eine Antwort verfasse." Sagt er rüde und der angesprochene Bote verlässt erleichtert das Arbeitszimmer.

Maurice weiß, dass er sich nicht aus der Verantwortung ziehen kann, denn er hatte dem Kranken ein Versprechen gegeben – allerdings gab es zu diesem Zeitpunkt noch kein Anzeichen dafür, dass es bereits nach wenigen Monaten mit ihm vorbei sein könnte...

Ein junges Mädchen. In seinem Haus. Sie wird den ganzen Tag Lärm machen und Kichern und das Gesinde herum scheuchen, wegen unnützen Arbeiten. Und er müsste alberne, anstrengende und nichtssagende Konversation mit ihr machen müssen. Er müsste Gäste einladen, sie bekannt machen, Bälle und Soireen besuchen und auch selbst veranstalten.
Ihm schaudert bei diesen Gedanken. Er gießt sich ein großes Glas Brandy ein und stürzt den Inhalt in einem Zug hinunter.
Dann setzt er sich wieder in den schweren, lederbezogenen Stuhl und schreibt die unvermeidliche Zusage...

Das Innere Ich legt den Pinsel beiseite und fragt: „Sag mal, willst du jetzt den ganzen neuen Roman hier rein schreiben?"

„Nö." Erwidere ich. „Ich wollte nur mal zeigen, wie schnell es geht, dass man mitten in einer Geschichte steckt, obwohl noch vor einer Seite nicht mal die Namen der Personen existierten, welche einem jetzt schon ein wenig bekannt vorkommen."

Das Innere Ich legt den Kopf ein wenig schief. „Stimmt, ist mir noch nie aufgefallen, wie schnell sich in den Köpfen der Menschen die Bilder entwickeln."

Ich kann mir ein Grinsen nicht verkneifen. Das Innere Ich stutzt, dann hellt sich das Gesicht verstehend auf.

„Ich begreife!" Sagt es. „Du willst damit verdeutlichen, dass es mit Meinungen und Ansichten ganz genau so geht?"

„Richtig. Und zeigen, wie anfällig wir alle dafür sind. Es dauert nicht einmal zwei Din-A-4 Seiten, um die Leute neugierig zu machen, damit sie mehr wissen wollen... Erschreckend eigentlich – oder?"

Einladungs-Codes

Irgendwann hat man an dem neuen Wohnort einige neue Menschen kennen gelernt. Vielleicht aber noch nicht alle Nachbarn? Eine gute Gelegenheit, dies zu erreichen ist eine Einladung zur Einweihungsparty oder Ähnlichem.

Nun ist es ja, wenn man sich in einem fremden Land unter fremden Menschen befindet, mitunter nicht so ganz einfach, ohne Fettnäpfchen-Punktlandung durch den Einladungs-Dschungel zu kommen.

„Guck mal hier:" Sagt das Innere Ich und deutet irritiert auf einen Einladungs-Vordruck im Internet. „Da steht oben drüber p.m." Es guckt mich mit großen, runden Augen an, hat einen schwarzen Frack an und hält einen schwarzen Zylinder in beiden Händen.

„P.m. heißt doch `post mortem` - also nach dem Tod. Eine Einladung für nach dem Tod zu versenden finde ich schon ziemlich befremdlich."

Ich zucke mit den Schultern. „Vielleicht ist damit der Leichenschmaus gemeint?"

Das Innere Ich schüttelt begruselt den Kopf, dann stutzt es wieder:

„Oder das hier: `Business casual`. Also es ist doch entweder Büro-Garderobe oder eben leger. Zum Beispiel der Casual-Friday, bei dem die Leute nicht im Anzug ins Büro gehen. Aber was soll denn das Beides als ein Begriff sein? Anzug – aber dafür Hand in der Hosentasche und auf Socken?!"

Ich muss grinsen. Ein ganzer Raum voll hoher Geschäftsleute in Socken und den Händen in der Hosentasche ist in der Vorstellung schon ein witziges Bild!

„Hier!" Rufe ich. „Ich habe noch einen Hinweis für die Leichen-Einladung gefunden: `Cravatte noire`. Da müssen die Herren also einen schwarzen Schlips tragen. Ist ja auch üblich auf Beerdigungen. Passt ja!"

Das Innere Ich spielt die Titelmelodie von der Fernsehserie „Um Himmels Willen" und hat sich als Nonne verkleidet. „Hier steht unter einer Einladung: `Habit noir`. Also schwarze Nonnengarderobe."

Ich denke einen Moment nach und sage dann siegessicher: „Ganz klar, dabei handelt es sich nicht um einen Bibelkreis der Klosterschwestern, sondern um ein Sex-Treffen von Swinger-Pärchen, bei dem die Frauen einen schwarzen Habit tragen und unten drunter gar nix."

Das Innere Ich lässt sofort alle Jalousien herunter und schreit: „Weg mit den Bildern!"

Bei ernsterem Nachforschen dieser Einladungs-Code-Wörter bin ich allerdings auf durchaus seriöse

Erkenntnisse gestoßen, welche ich den Lesern keinesfalls vorenthalten möchte.

Schließlich möchte ich vermeiden, dass Sie die Einladung des Bundespräsidenten zu einer Abendgesellschaft ausschlagen, weil sie denken, es sei ein Sex-Treffen im Nonnen-Outfit.

Sollte auf Ihren Einladungskarten also Folgendes zu lesen sein, dann hat es dies zu bedeuten:

p.m.   pour memoire   (Zur Erinnerung)
Business casual   (Geschäftskleidung)
Cravatte noire, bzw black tie   (Abendkleid für Damen, Smoking für Herren)
Habit noir   (Wahlfreiheit zwischen Frack und Smoking)

Erbsengras

Ich stehe vor dem Blumenkasten in der Fensterbank und schaue auf die zarten Pflänzchen, welche sich aus der schwarzen Erde recken. Ich hatte hier Kräuter gezogen, weiß aber leider nicht mehr so ganz, welche…

„Hm, könnte Kerbel sein." Überlege ich.

Das Innere Ich hat einen chinesischen Bast-Hut auf, trägt einen Mao-Arbeiter-Anzug und steht barfuß in einem Reisfeld.

„Es könnte aber auch etwas Anderes sein." Sagt es, ohne von seiner Arbeit aufzusehen.

„Ich kenne mich eigentlich nicht schlecht in der Pflanzenwelt aus, wenn es ums Kochen geht." Erwidere ich etwas pikiert.

Jetzt schaut es langsam auf. Mit diesem fiesen, kleinen Lächeln in den Mundwinkeln, dass mir unmissverständlich sagt, dass gleich eine Gemeinheit kommt.

„Erbsengras." Sagt es langsam.

Hab`s doch gesagt....

Es gibt Situationen, da sind wir uns eigentlich ganz sicher, etwas Bestimmtes zu wissen. `Eigentlich` deshalb, weil sich herausstellen wird, dass es nicht stimmt.

So geschehen beim Anschauen einer Quiz-Sendung im Fernsehen. Vier Antwortmöglichkeiten, von denen eine „Erbsengras", eine andere „Kartoffelstroh" und noch zwei ähnliche Worte zur Auswahl stellten. Der Kandidat verballerte drei Joker, der Letzte war der Publikumsjoker, der Einzelne. Und der hatte auch nur eine vage Tendenz...

MIR war die Antwort aber bereits beim Erscheinen der Auswahlmöglichkeiten klar: Es konnte nur das Erbsengras sein. Denn das hatte ich schon mal gehört und wusste sogar, wie es aussieht und wie man es in der Küche einsetzt! Und das tat ich auch lautstark kund.

„Jaja, hättest du nicht den Mund so fürchterlich voll genommen, dann wäre es auch nicht so peinlich geworden!" Das Innere Ich schüttet sich aus vor Lachen.

Zu Recht: Es stellte sich nämlich in der Auflösung heraus, dass es auf der ganzen Welt kein Erbsengras gibt...

Seit dem ist „Erbsengras" bei uns ein geflügeltes Wort, welches Warnung und Mahnung vor dem Prahlen mit falschem Wissen darstellt.

„Tja, das hilft mir aber mit den Kräutern nicht weiter." Sage ich.
Das Innere Ich läd sich einen Sack Reis auf den Rücken und stapft durch das Wasser.
„Gib sie in die Suppe – das passt immer."
Na, wo es Recht hat....

Der Pillen-Papst

Gestern ist ja nun Paul VI. geehrt worden. Grund genug für mich, sich mit dem "Pillen-Paul" näher auseinander zu setzen. Beim Durchlesen seiner Humanae vitae allerdings war ich zunächst irritiert, warum sich die Leute alle so furchtbar aufgeregt haben. Das die Katholische Kirche sich nicht offen zur Antibabypille oder Abtreibung bekennt, müsste eigentlich jedem klar sein, denn als diese muss sie ja dem Wort Gottes und vor allem seinem göttlichen Plan folgen. Alles Andere wäre ja Verrat...

Warum gab es also damals einen solchen Sturm dagegen? Paul war doch für katholische Verhältnisse schon ein ganzes Stück in die Moderne geschritten. Wollte das Volk vielleicht zu schnell zu viel?
Ich denke bereits eine Weile darüber nach, bin aber noch nicht am Ende meiner Überlegungen angekommen.

Sollte es vielleicht das Diktat der Kirche gewesen sein, die es den Gläubigen rigoros verbietet das eigene Leben selbstbestimmt in die Hand zu nehmen?

Jetzt hatte man doch endlich die Möglichkeiten, Sex zu haben ohne jedes Mal Angst haben zu müssen schwanger zu sein. Die große sexuelle Freiheit also!

Das ist so wie Jakob und Computerspielen. Ja, er darf. Aber nicht jedes Spiel. Und nicht länger als eine vorgegebene Zeit, welche von mir streng kontrolliert wird. Aber gerade deshalb gibt es immer wieder Streit.

"Wozu habe ich ihn denn, wenn ich nicht damit spielen darf, wie ICH will?" Heult er wütend.

"Wenn es nach mir gegangen wäre, dann hättest du auch keinen." Erwidere ich genervt.

Waren die Menschen also damals sauer, weil sie einen Computer vor der Nase hatten, ihn aber nicht nutzen durften?

Ist ja auch schwierig einzusehen: Erst erzählt man vom freien Willen, den ER uns gab und die Kirche nimmt den Menschen genau diesen vor der Nase weg. Es reduziert das Individuum als Massenware ohne eigenständige Bedeutung und das verletzt natürlich.

Was ich aber nach wie vor nicht verstehe: Warum ist die Katholische Kirche so unflexibel in ihrem Denken? Warum stellt sie sich nicht hin und sagt: "Die Kirche selbst hat sich an die Bibel zu halten, da gibts kein Rütteln. Wer aber nun die modernen Methoden trotzdem wahrnehmen will, tut das in dem Bewusstsein, dass es falsch ist und muss sich spätestens Gott gegenüber dafür verantworten."

Damit hätte sie keine Handbreit Wasser unterm Kiel verloren aber trotzdem die Eigenständigkeit der Menschen in ihrem von Gott gegebenen freien Willen geehrt.

Gebildet?

Das Innere Ich kratzt sich nachdenklich an der Nase. „Ab wann ist man eigentlich gebildet?"

„Pfff…" Mache ich überrascht. „Wie kommst du denn auf so eine komische Frage?"

„Weil man es ständig und überall hört. `Die ungebildete Unterschicht`, die gebildeten Akademiker. Vom Bildungsministerium bis zur Pisa-Studie sprechen alle von Bildung. Aber wer legt denn fest, ab wann ein Mensch gebildet ist? Gibt es ein Punktesystem? Eine Jury?"

„Hm…" Mache ich nachdenklich.

„Denk mal ein bisschen schneller, ich will eine Antwort."

(Habe ich schon mal erwähnt, dass Geduld nicht zu seinen Eigenschaften zählt?)

„Dann hetz mich nicht, ich bin dabei, mich zu konzentrieren." Sage ich.

Das Innere Ich trommelt mit den Fingern auf einer sehr dünnen, hölzernen Tischplatte, welche auf einem Resonanzraum liegt, der dadurch ins Schwingen gerät und dumpfen Nachhall erzeugt.

„Es gibt sicherlich Anhalts-Punkte, wie zum Beispiel der Intelligenz-Quotienten-Test. Da wird breit gefächert

Wissen und Logik auf Zeit abgefragt. Und diese Leistungen können hinterher bewertet werden." Sage ich nach einer Weile.

Das Innere Ich setzt sich Goethes Denker-Hut auf und grübelt. „Wenn aber nun Jemand das totale Allgemeinwissen-Genie ist aber zum Beispiel ein Problem mit Zahlen hat, dann ist er laut Test weniger gebildet als ein `Normaler`, der nicht so viel Allgemeinwissen hat aber dafür besser mit Zahlen umgehen kann?"

„Nein, ich denke nicht. Diese Tests sollen ja nur die ungefähre Intelligenz darstellen. Es gibt ja schließlich auch Leute, die ganz wenig Intelligenz besitzen. Und damit von ihnen nicht ständig etwas verlangt wird, was sie auch mit größtem Fleiß nicht leisten können, ist der IQ-Test eigentlich sinnvoll."

„Bei den Meisten würde es genügen an die Füße zu gucken. Wenn die in Springerstiefeln stecken, weiß man Bescheid…"

„Quatsch, sowas meine ich doch nicht! Außerdem tragen Leute auch von Berufs wegen diese Stiefel. Denk mal an die Soldaten… " Empöre ich mich.

„Vielleicht ist `gebildet sein` ja auch ein immer währender Zustand, der sich stetig durch das Aneignen immer mehr Wissens erweitert." Das Innere Ich steht an einer Tafel in einem Klassenraum und malt Blümchen mit bunter Kreide.

„Das hört sich zumindest schon mal gut an." Grinse ich.

„Aber in meiner Auffassung geht `gebildet sein` über das Schulwissen, bzw. akademische Wissen hinaus."

Es quietscht laut mit der Kreide auf der Tafeloberfläche.

„Arrrgghh! Hör auf, ich kann das nicht hören!" Brülle ich.

Das Innere Ich frisst die Kreide auf und leckt die Reste von den Fingerkuppen. Dann sagt es: „Dann könnte man es vielleicht so sagen: Gebildet sein bedeutet, umfassend neugierig zu sein. Allein aus dem eigenen Wissensdrang nach Antworten zu suchen und immer begierig darauf aus, Neues zu entdecken? Die Fähigkeit, sich Wissen anzueignen und auch damit umzugehen und darüber nach zu denken?"

Ich denke darüber nach und diesmal unterbricht es mich nicht. Dann dämmert mir etwas.
„Du hattest die Antwort auf deine Frage schon die ganze Zeit, nicht wahr?" Frage ich argwöhnisch.
Das Innere Ich grinst: „Jepp. Wollte nur mal sehen, ob du gebildet bist."

Den Rest des Abends wird das Innere Ich in Einzelhaft im Stamm-Hirn verbringen!

Genießen

Ich sitze im Auto und habe mir vorgenommen, zum Frisör zu gehen. Wir haben ja neulich bereits Jakob als Testkopf benutzt und ihn zum Haareschneiden geschickt. Das Ergebnis war gut - also lasse ich ebenfalls mal wieder ein paar Zentimeter kürzen.
Und, weil ich ja lernen will mich auf türkisch zu verständigen, habe ich mir die Wörter vorher im Internet heraus gesucht und wiederhole die Vokabeln jetzt,

während ich im Stau stehe. So kann man die Zeit wenigstens gut nutzen.

Das Innere Ich schaut sich um. „Wenn die vier Laster um uns herum alle aufeinander zu fahren, dann sind wir platt wie eine Scholle." Meint es grade.

„Güzel." Antworte ich.

„Das heißt übersetzt `schön`." Das Innere Ich zieht fragend eine Braue nach oben während ich nur mit den Schultern zucke.

„Ich hätte auch `Spiegel` sagen können `Haare` oder `Föhn`. Aber das wäre genauso sinnentfernt gewesen wie `schön`." Grinse ich.

Das Innere Ich schlägt sich mit der flachen Hand vor die Stirn.

Im Salon bewerfe ich die Angestellten mit den neu gelernten Worten und freue mich, dass man mich offensichtlich versteht.

„Nachdem du es dreimal wiederholt hast..." Wirft das Innere Ich ein.

„Na und? Das ist eben am Anfang so." Gebe ich zurück.

Jedenfalls hat sich der (unglaublich gut aussehende!) Frisör total gefreut, dass ich seine Sprache lernen möchte und hat ganz bereitwillig meine Aussprache verbessert.

Während der Verschönerungsphase kommt mir ein Satz in den Sinn, den mir eine Dame aus Petersburg am Tag vorher geschrieben hatte. Ihre Worte waren: „Und Sie, die Sie die Gabe haben zu genießen, wo es etwas zu genießen gibt."

Das Innere Ich kaut auf einem langen Grashalm und schaut den Wolken beim Vorüberschweben zu.

„Ist es denn tatsächlich eine Gabe?" Fragt es nachdenklich. „Hat das denn nicht ein Jeder in sich?"

„Vielleicht haben es manche Menschen zu oft vernachlässigt. Dieses genaue Hinsehen und Bemerken der positiven Dinge. Haben sich vielleicht zu oft nicht getraut, dieser Lust nach Leben nachzugeben oder haben sich die Neugier auf neue Abenteuer versagt."

Das Innere Ich nickt bedächtig und balanciert eine Erdbeere auf der Nasenspitze.

„Ist schon komisch", sagt es, „dass es den Menschen leichter fällt zu leiden als sich zu freuen."

Ich denke einen Augenblick darüber nach. Vielleicht ist ein großer Teil davon ja auch die Kultur. In der Türkei zum Beispiel sehe ich wesentlich mehr lachende Gesichter, als in Russland oder auch Deutschland. Man sagt ja ohnehin, dass die südlichen Länder das Leben insgesamt ein wenig lockerer sehen und nicht so verkrampft Regeln und Normen hinterher rennen und sie zum Mittelpunkt ihres Lebensinhaltes machen.

„Du meinst eine lebenslange Überdosierung von Vitamin D durch das Sonnenlicht macht die Menschen glücklicher?"

Ich muss schmunzeln. „Vielleicht hat auch das etwas damit zu tun."

„Ich bin davon überzeugt, dass die meisten Menschen sich einfach nicht die Zeit nehmen, glücklich zu sein und das Leben zu genießen. Sie schieben es vor sich her wie einen Kinderwagen voller Lakritztaler, nehmen aber keinen davon in den Mund, um sich an dem Geschmack zu erfreuen. Gleich, nachher, später, bald, irgendwann."

Schade eigentlich, dabei ist genießen doch so schön und einfach. Und tut der Seele gut.

„Jepp, dafür lasse ich lieber den Termin beim Zahnarzt sausen." Lacht das Innere Ich.

Der Frisör ist fertig und ich gefalle mir sehr gut. „Güzel!" Strahle ich erfreut, bedanke mich und schwebe förmlich aus dem Geschäft.

Der Zeisig

Ich drehe den kleinen metallenen Schlüsselanhänger hin und her und beschaue ihn mir ganz genau. Ein Abschiedsgeschenk aus Petersburg. Von einem Menschen, den ich sehr schätze und mag. Trotzdem bin ich schon so lange Expat, dass ich weiß, dass die Verbindung zu diesem Menschen abreißen wird. Auch wenn dieser Mensch das Gegenteil sagt oder wünscht...
Expat zu sein heißt: Das „Loslassen" zu lernen und zu akzeptieren, dass manche Dinge einfach so sind.
Ein Schatz, den ich da in der Hand halte. Dieser Piepmatz mit der Postmütze auf dem Kopf wird das Einzige sein, was mir von diesem Menschen bleibt.

„Vielleicht hat der Zeisig ja auch noch irgendeine besondere Bedeutung?" Fragt das Innere Ich. „Nicht nur als ein Universal-Glücksbringer."

Um eine Antwort darauf zu bekommen, bemühe ich das Internet und finde folgendes Gedicht von Heinrich Seidel:

DER ZEISIG.
War einmal ein winz'ges Ding,
So ein kleines Zitscherling,
Sass vergnügt auf seinem Aste,

Sang sein Lied wie es ihm passte.
Sprach die Amsel aus dem Wipfel:
"Ei, du dummer kleiner Zipfel!
Wer nicht besser singen kann,
Der fang' lieber gar nicht an!"
Jener liess sich nicht bethören,
Sprach: "Es braucht nicht zuzuhören,
Wem mein Liedchen nicht gefällt ...
Gross genug ist diese Welt!
Darum lass' mich doch in Frieden!
Mir hat Gott nicht mehr beschieden,
und ich singe früh und spät
So wie mir der Schnabel steht,
Weil ich lustig bin und heiter ...
Wer's nicht hören mag, geh' weiter!"

„Da schau her!" Belustigt zieht das Innere Ich eine
Augenbraue nach oben. „Das passt ja herrlich. Mit
deinen Geschichten nimmst du es ja ganz genauso."
`Ob die Dame aus Petersburg, welche mir den kleinen
Zeisig geschenkt hat, dieses Gedicht wohl kennt? ` Frage
ich mich unwillkürlich.

Es ist schon so, dass es oft Menschen gibt, die meinen,
es müsse ein Jeder ihren Vorstellungen entsprechen. Die
ihren Stempel in andere Seelen drücken in dem festen
Glauben, ihre Ansicht der Dinge sei die allein seelig
machende.
Dabei ist es doch gerade die Vielfalt, die unser Leben
interessant und bunt macht. Wenn wir alle dieselbe
Meinung hätten, wäre das nicht nur schade, sondern
auch noch recht langweilig.
„Ei, du dummer kleiner Zipfel..." Nein, dumm ist der
kleine Zipfel gewiss nicht, wenn er sich nicht das Hirn

verbarrikadieren lässt. Sich nicht einreden lässt, er sei nicht gut genug.

Das Innere Ich sitzt Beine baumelnd auf einer Straßenlaterne und hat eine Fernsehbedienung in der Hand. „Du hast dich schon lange nicht mehr über den Popgiganten und seine Casting-Show ausgelassen, bei der Menschen verspottet und verhöhnt und als Fernseh-Kanonenfutter für aufgeweichte Konsumentenhirne missbraucht werden."
„Ich möchte gar nicht mehr darüber schreiben, denn jedes Wort über diesen Schwachsinn ist eigentlich Energieverschwendung."
„Na gut." Sagt es und isst die Fernbedienung einfach auf.

Die Sache mit den Titeln

Es ist ja allseits bekannt, dass man einen Doktor mit „Herr Doktor!" anredet. Eine Frau mit dem entsprechenden Titel natürlich eben dann „Frau Doktor!". Anders als es noch vor 100 Jahren war, spricht man aber die Ehefrau eines Bürgermeisters nicht mehr mit „Frau Bürgermeister" an, denn sie ist ja nun mal kein Bürgermeister, sondern ihr Mann.

Heutzutage geht alles seinen politisch-bürokratisch richtigen Weg, da ist die Begrüßung bei einem Vortrag manchmal fast länger als der Vortrag selbst. Wenn alle Beteiligten /innen der Hierarchie nach in männlich und weiblich aufgefächert abgearbeitet – äh, begrüßt - werden.

Und wenn man mal genauer hinschaut, dann ist das manchmal gar nicht so einfach. Stellen Sie sich doch mal vor, Sie werden (vielleicht auch versehentlich oder durch ein Gewinnspiel, wie auch immer) Gast auf einem Empfang/Ball/ Gartenfest – was auch immer für eine Veranstaltung, auf der Ihnen zum Beispiel ein römisch-katholischer Erzbischof vorgestellt wird.

„Und hier, Frau Murmelmann, möchte ich Ihnen den Erzbischof von Taubenstein-Weinseel vorstellen."

Erzbischof zu Ihnen: „Ich freue mich, Sie kennen zu lernen, Frau Murmelmann."

Hahaaaa…. Und jetzt?! „Herr Erzbischof" - oder was?

Das Innere Ich liegt gerade quiekend auf dem Rücken. „Ich hätte ihn erst mal gefragt, ob er einen richtigen Namen hat!" Lacht es.

Ja, das kann ich mir vorstellen… Und ich hätte wieder mit roten Ohren da gestanden…

Klar, mein Freund der Pfarrer, weiß, dass man einen katholischen Bischof mit „Exzellenz" anredet. Egal, ob Erz- oder nur Bischof.

Und beim Rabbiner?

Das Innere Ich gluckst: „Die sind nicht so etepetete. Da reicht ein Herr Rabbiner oder Frau Rabbinerin. Jawohl, die weiblichen gibt es nämlich auch!"

Richtig.

Und die evangelischen Kirchenchefs sind da auch nicht so in Watte gepackt und lassen sich ganz einfach mit „Herr Landesbischof" oder „Frau Landesbischöfin" ansprechen.

Ein Baron oder eine Baronin hingegen lässt erstmal vornehm das „Herr" oder „Frau" weg. Sie lassen sich, wie Graf oder Gräfin einfach nur mit ihrem Titel anreden.
Zum Beispiel: „Gräfin Hohenstein, wenn Sie sich bitte hier her bemühen möchten…?"

Ein Erzherzog, zum Beispiel, lässt sich mit „Kaiserliche Hoheit" anreden. Und wer meint, dass sei mit den Sissi-Filmen vorbei gewesen, der irrt. Man schaue sich nur mal die Habsburger- Lothringer-Linie an. Da findet man neben Anderen:
Heinrich Habsburg-Lothringen, Erzherzog von Österreich, Graf Kyburg (1925 – 2014)

Seit dem Film „Die Feuerzangenbowle" wissen wir, dass man einen Schul-Rektor eigentlich mit „Herr Rektor" oder auch mit „Herr Direktor" anspricht. Bei offiziellen Anlässen wäre es aber richtig, selbige Person mit: „Magnifizenz" zu betiteln.
Das Innere Ich kichert: „Das kann sich doch kein Mensch merken, geschweige denn aussprechen."
Vermutlich hat es Recht und deswegen habe ich auch noch nie gehört, dass man einen Schulrektor mit diesem merkwürdigen Zungenbrecher angesprochen hat.

Aber ich würde mich freuen, wenn der eine oder andere Leser sich mal den Spaß machen würde, bei einem offiziellen Anlass den oder die Schuloberste(n) mit „Magnifizenz" anzureden!
Und bitte, schreiben Sie mir danach einen detaillierten Bericht!

IKEA`s Etikette(n)

Vor ein paar Tagen haben wir die Mitteilung bekommen, dass unser Umzugscontainer, welcher unsere Wohnungseinrichtung von Sankt Petersburg nach Istanbul bringen soll, Verspätung hat.

Statt der versprochenen zwei bis drei Wochen werden es nun also ca. zweieinhalb Monate. Könnte auch noch länger sein, so ganz genau möchte man sich da mit dem Datum noch nicht festlegen.

Aha. Wie schön…

In der Erwartung, lediglich 14 – 21 Tage ohne mein Küchen-Inventar auskommen zu müssen, habe ich auch nur 3 Messer, 3 Gabeln, 3 Löffel, 3 Teller, 3 Tassen und 3 Müsli-Schälchen mit. Sowie ein Topf ein Sieb und eine Pfanne.

Mit dieser Ausstattung kommen vielleicht Studenten während ihrer Studienzeit über die Runden, wenn sie mittags in der Mensa essen und sich abends nur Studentenfutter reinmümmeln – ich möchte damit aber gar nicht auskommen!

Und weil es für jedes Problem einen IKEA gibt, fahren wir heute dorthin, um zumindest ein gewisses „Notfall-Kontingent" an Hausfrauen-Arbeitsmaterial zu besorgen. Auf die erste zurückhaltende Reaktion meines Ehemannes ob dieser Idee, gab ich zu bedenken, dass ich schließlich meiner Putzfrau auch nicht zumute, den Boden mit der Zunge abzulecken, damit er sauber wird.

Zugegeben, vielleicht hinkt dieser Vergleich ein ganz klein wenig – aber er schafft zumindest Einsehen und so sitzt das Innere Ich nun wenig später flitzvergnügt auf meinen Schultern und dirigiert mich, in dem es am jeweiligen Ohr in die gewünschte Richtung zieht, durch die IKEA-Geschirr-Abteilung.

Im Märchenwald der Küchenfeen findet man alles, was man zum täglichen Kochen benötigt und noch viel mehr...

„Ich brauche keine Salatschleuder." Murre ich, als ich bemerke, auf was ich da gerade hingesteuert werde. „Und ich will auch keine!"

Trotz gelegentlichen Widerstandes ist es am Ende doch eine sehr ausreichende Menge an Tellern in verschiedenen Größen, Töpfen, Besteck, Schüsseln, (Juchu, endlich ein Salatbesteck aus Holz), Gießkanne, Thermokanne, Bettbezug, Laken, Gästebett, Kissen, Kaktus....

„Moment mal, wieso haben wir ein Gästebett mit allem Drum und Dran, wenn wir nur die Küche bis zum Umzug überbrücken wollten?" Frage ich irritiert.

„Och", das Innere Ich blinzelt verschwörerisch zu meinem Mann hinüber, welcher ebenfalls grinst. „Lag auf dem Weg und das brauchen wir sowieso bald."

Ich gebe mich geschlagen, weil die Begründung eigentlich völlig wasserdicht ist und ich schließlich irgendwie dieses wunderschöne Gästebett ausgesucht habe...

Im weiteren Verlauf entert eine Bademate von ganz allein unseren Einkaufswagen und bittet flehend um Asyl. Das Innere Ich gewährt es ihr als einen Akt der Nächstenliebe und schon türmen sich diverse Packungen von Teelichtern in einem kleinen Metall-Zimmermülleimer auf.

„Stopp!" Rufe ich. „Fünfhundert Teelichter sind ja wohl mehr als genug!"

Das Innere Ich verwandelt sich zu einer Riesen-Schneeflocke. Ich höre den Schneesturm der vergangenen drei Tage heulend und seufzend um das Haus wehen und an Fenstern und Türen rütteln. Ich spüre in den Knochen noch die Kälte, welche sich bei drei Tagen Stromausfall im Haus ausbreitete… Eine Gänsehaut kriecht mir über den Nacken.

„Hör auf damit." Sagt das Innere Ich, welches dort immer noch sitzt. „Ich kriege ja Hämorrhoiden!"

„Okay. Sechs Pakete. Nicht eines mehr." Bestimme ich und packe das Siebte zurück ins Regal.

Wieder daheim habe ich richtig Lust, das Gästezimmer mit all den neuen, schönen Dingen zu dekorieren. Und vor allem: Mal wieder richtig kochen!!! Fröhlich vor mich hin summend beginne ich mit dem Auspacken der Schätze. Selbstverständlich müssen die neu gekauften Küchenutensilien, Teller, Besteck, Schüsseln, Schalen und so weiter erst mal gespült werden, bevor man sie benutzt.

Und hier kommt der Moment, bei dem der ganze Einkaufsspaß ein Ende hat:

Auf jedem einzelnen Stück ist nicht nur ein Papier-Klebeschild – nein! Es sind zwei bis sogar drei Papier-Klebeschilder! Auf Porzellan, Glas oder auch Holz. Nirgends wird es einfacher, die Dinger kleben, als hänge das Bestehen unserer Zivilisation davon ab!

Gut, mit Wasser geht es etwas besser…. Etwas. Nicht gut. Nur ETWAS besser.

Nach einer halben Stunde knibbeln, fummeln und herumpulen sind bereits beide durchgeweichten Daumennägel abgebrochen.

Ich fluche.

Das Innere Ich flucht auch.

„Warum?" Frage ich irgendwann völlig genervt. „Warum können die nicht irgendeinen Kleber nehmen, der sich besser entfernen lässt?"

Das Innere Ich bemerkt gerade, dass der Schwamm, mit dem ich arbeite, auch schon völlig verklebt ist und das Glas in meiner Hand ganz schmierig, statt sauber gemacht hat.

„So eine verdammte Scheiße!" Brüllt es. Ich auch. Manchmal muss es einfach raus.

Nachdem das mal gebrüllt und die Wut draußen ist, beruhige ich mich wieder.

„Sie könnten zum Beispiel Honig nehmen." Meint das Innere Ich. „Das ist biologisch und klebt auch, wie Kleister. Aber es geht mit Wasser wesentlich besser wieder ab."

Ich nicke:

„Das werden wir dem Herrn Ingmar mal schreiben. Und dazu sagen, dass es allein ihre blöden, nervigen, beppigen und unnachgiebigen Papier-Super-Klebepreisschilder sind, die dafür gesorgt haben, dass der Laden von meiner Favoriten-Liste soeben gestrichen wurde!"

(Ich habe nämlich gerade bemerkt, dass auch der Nagel meines Zeigefingers der Entfernung der Auszeichnungen erlegen und tief, schmerzhaft eingerissen ist.)

Irgendwann ist es geschafft und ich schaue mir die geschwollenen, aufgequollenen Hände mit den abgerissenen Fingernägeln an. Diesen Krieg habe ich gewonnen. Aber zu welchem Preis?!

Jedenfalls bin ich jetzt so erschöpft, dass ich heute Abend nichts mehr kochen kann.

Und wer ist Schuld daran: Die IKEA- Klebeetiketten!

Himmlische Poliklinik

Man muss sich mal vorstellen, dass Gott – trotz all seiner Allmächtigkeit – es vermutlich ganz in Ordnung findet, dass es Heilige gibt, welche ihn in bestimmten Situationen vertreten. Diese „ Ersatzgötter" nennen wir Schutzpatrone und rufen sie an, wenn wir nach einer durchzechten Nacht zwar unser Auto im Wald wieder gefunden haben, jedoch keine Ahnung haben, wo der Schlüssel sein könnte.

Oder wenn wir irgendwo in Not sind, eine Krankheit uns befallen hat, wir Hilfe, Trost und Rat brauchen.

Wenn wir auf etwas hoffen, ziehen wir desweilen den Spezialisten unter den Vertretungsgöttern heran. Zumindest in der Katholischen Kirche hat man da eine ganze Poliklinik himmlischer Helfer parat, bei denen ich mir ein breites Grinsen einfach nicht verkneifen kann.

Nun möchte ich diese Heiligen Patronate nicht ins Lächerliche ziehen, denn ich weiß, dass es Menschen gibt, die ganz viele Hoffnungen und Ernsthaftigkeit da hinein geben. Dies sei ihnen ungenommen und diese Geschichte soll ihnen gegenüber nicht respektlos erscheinen, sondern lediglich die überschwängliche Phantasie des Inneren Ichs verdeutlichen, welches mir gerade vor`s Schienbein tritt, damit ich endlich aufschreibe, was es schmunzelnd dazu zu sagen hat:

Gerufen vom Menschen auf der Erde naht eine mächtige Cumuluswolke heran. Auf ihrer Spitze thront der Heilige für alle Nöte: Konrad von Parzham.

Gleich einem Chefarzt schaut er den armen Jogger an, welcher auf dem Waldweg hockt und vor lauter Seitenstechen nicht mehr laufen kann.

„Stephanus!" Ruft Konrad von Parzham mit donnernder Götterdämmerungs-Stimme. „Dein Patient!"

„Ich steig lieber mal mit aus, schließlich bin ich für Beinleiden zuständig." Flüstert Ludanus Peregrinus.

„Meinetwegen." Erwidert Konrad. „Kostet aber auch doppelte Anzahl gebeteter Rosenkränze.

Stephanus und Ludanus nicken, steigen aus und die Wolke fliegt zum Nächsten.

Gleich mehrere Patienten liegen bei feuchtem Herbst- oder Frühlingswetter mit Erkältung im Bett.

„Ah, ich sehe schon!" Ruft Bernhardin von Siena. „Heiserkeit, Schnupfen und Kopfweh – mein Fachgebiet. Hey, Maurus, am besten, du kommst gleich mit."

Beim nächsten Stopp brüllt Konrad nach Antonius von Padua und lässt ihn hinunter. Kurz darauf klingelt bei Konrad die Kontakt-Muschel.

„Hier Antonius." Sagt Antonius. „Das ist der falsche Patient. Ich bin für glückliche Entbindungen zuständig. Diese Dame klagt aber über Warzen, Furunkel und Furcht. Das ist der andere Antonius, der von Ägypten…"

„Oh, sorry." Meint Konrad verlegen, saugt den falschen Antonius ein und schickt den anderen aus. „Wer ist der Nächste?"

„Geschlechtskrankheiten…" Kommt eine Stimme aus dem Off. „Aber wir können Fiacrius nicht finden. Der `behandelt` wohl noch die letzte Patientin…"

„Da soll mich doch der…" Flucht Konrad und Katharina von Alexadria legt ihm schnell und behutsam die Hand auf den Mund.

„Vorsicht, Chef." Sagt sie. „Sonst seid Ihr mein nächster Patient! Ihr wisst schon: Zungenleiden."

Konrad hat sofort ein Einsehen und zwinkert Blasius zu. „Du bist doch verantwortlich für Gewissensbisse und Blähungen, leg doch mal rasch die Hand auf, ja?"

Als Blasius eben dies tut, bemerken sie, wie Menschen andere Menschen foltern und quälen und töten und all dies nur einfach, weil sie Spaß daran haben. Und alles ohne Gewissensbisse.

„Denen wünscht man doch die Pest an den Hals." Meint Blasius traurig und fassungslos zugleich.

Konrads Augen verengen sich zu Schlitzen: „Rochus!!!" Brüllt er, dass die Wolken wackeln, Blitze knallen auf die Erde nieder und Rochus steht parat. Als Pestheiliger soll er eigentlich die Menschen heilen.

„Könntest du nicht in diesem Fall eine Ausnahme machen?" Zwinkert Konrad ihm ernst zu.

Ob Rochus dies tatsächlich tut, wird man wohl nie erfahren.

Letzte Station ist die Redaktionsabteilung eines Frauen-Emanzipations-Verlages. Von dort kommen seit Stunden vermehrte Hilferufe von fast allen Mitarbeiterinnen. Und alle verlangen nach einem Namen: Wolfgang.

Konrad zieht eine Augenbraue nach oben und mustert Wolfgang eindringlich: Groß, gutaussehend, muskulös, gewinnbringendes Lächeln, intelligent, einfühlsam, zielstrebig, höflich und respektvoll, dennoch mit Witz und Humor gesegnet.

„Spezialgebiet?" Fragt Konrad.

Wolfgang lächelt jovial: „Menstruationsbeschwerden, Kreuzweh, Bauchweh, Fußleiden und rektales Wundsein. Sie bestellen mich meist auch in dieser Reihenfolge…"

Tjoa, man kann sich irgendwie schon gut vorstellen, dass sich Gott selbst gar nicht um alle Dinge kümmern WILL !

Echt

Bei einer Mahnwache in Berlin gegen den Terror ist die Losung: „Echter Glaube führt zum Frieden!"
Das Innere Ich zuckt zusammen.
„Aua!" Ruft es. „Was soll das denn? Wann, bitteschön, ist denn ein Glaube `echt` oder eben auch ` unecht` ? Nur echt mit 52 Zacken?! Und wie interpretieren Andersgläubige diesen Satz? Nur, wer an `unseren` Gott glaubt, liegt richtig und alle Anderen sind falsch?"

Auch ich bin irritiert über diese plakative Form der Glaubensdefinition. Gerade in einer Zeit, in der die Religionen, beziehungsweise ihre Anhänger auf einer geschliffenen Messerspitze Polka tanzen, sollte man ein wenig vorsichtiger mit Parolen umgehen.

Das Innere Ich schmiert sich Lakritze aufs Brot und zuckt mit den Schultern. „Mit den Parolen ist es so wie mit den Briefmarken, hat alles immer zwei Seiten. Die eine sieht schön und bunt aus, aber wenn man sich näher damit befasst, wird es eklig klebrig."

Fakt ist jedenfalls, dass der Christliche Glaube, der Orthodoxe, der Jüdische und auch der Muslimische Glaube (um nur ein paar Wenige zu nennen) auf demselben Fundament gebaut sind: Die Liebe. Und in ihr beinhaltet steckt die Achtung vor dem Leben, der Respekt vor anderen Lebewesen, und die Wahrung des Friedens.

„Man könnte es vielleicht so definieren: `Echter Glaube` ist, wenn man tatsächlich dahinter steht und nicht einfach so, weil man es schon immer gemacht hat, oder die Familie es gern möchte, in die Kirche geht – aber eigentlich gar keine Lust dazu hat und sich das Ganze auch gar nicht wirklich anhört." Es leckt sich genüsslich die schwarze Schmiere von den Fingerkuppen. „Nur anwesend sein aber in Gedanken die Einkaufsliste zu machen und dann festzustellen `Nutella ist alle!` wäre also für diese Definition nicht ausreichend für ein Echtheitsprädikat."

„Du verlangst ganz schön viel von den Menschen." Schmunzel ich.
„Nicht ich. Aber Gott. Und weißt du was? Ich bin ganz sicher, der mag keine halben Sachen!" Sagt es fest und setzt sich auf einen Esel, mit dem es dem Sonnenuntergang am Horizont entgegen reitet. Es hat einen Sombrero auf, eine bunte Decke über den Schultern und spielt auf einer Panflöte „El Condor Pasa".
„Manchmal redest du ganz schön wirres Zeug." Stelle ich kopfschüttelnd fest. „Was war das eigentlich am Anfang der Geschichte mit den 52 Zacken?"

„Hoooo." Macht es und zieht die Zügel an. Der Schein der blutroten Abendsonne streichelt die wettergegerbte Haut und mit den Fingerspitzen schiebt es die Kopfbedeckung ein klein wenig höher, bis das Licht in die Augen fällt und der Blick geradezu gewaltig intensiv erscheint.

„Nur `echt` mit 52 Zacken – war die Werbung des Leibniz-Butterkekses. Dabei sollen die Zacken die Anzahl der Wochen des Jahres symbolisieren und die vier geraden Seiten die Jahreszeiten."

Ich bin überrascht. „Warum?" Frage ich. „Ich meine, das ist doch einfach nur ein Keks? Weshalb eine solche Philosophie dahinter?"

Das Innere Ich grinst spitzbübisch: „Das ist so, wie mit dem Bild auf dem nur ein roter Punkt zu sehen ist. Man kann alles Mögliche hinein interpretieren, wenn man ein bisschen Phantasie hat. Und dabei ist es völlig egal, ob der Maler einfach nur einen Farbton ausprobieren wollte. Wichtig ist nur, wie man eine Geschichte verpackt und ob die Menschen es hören wollen."

Dann schnalzt es mit der Zunge und macht sich von dannen.

Soziale Netzwerke

Mein email-Postfach ist wieder mal leer.

„Hm." Mache ich enttäuscht.

Das Innere Ich sitzt auf einer Schaukel, welche an einem hohen Baum hängt und lässt sich den Schwungwind ins Gesicht wehen.

„Ist doch schon komisch, oder?" Frage ich. „Draußen auf der Straße, im Lokal ja, sogar in den Supermärkten hat fast jeder sein Telefon in der Hand und tippt wie ein Weltmeister. Aber mir schreibt selten Jemand."

„Könnte daran liegen, dass du dich vehement gegen die sozialen Netzwerke wehrst." Sagt das Innere Ich und hat einen selbstgeflochtenen Blumenkranz auf dem Kopf.

„Was ist denn daran sozial?" Empöre ich mich – das Thema Facebook beschleunigt meinen Puls bereits bei der Erwähnung des Namens.

Ich recherchiere und finde heraus: „Das Adjektiv sozial, von französisch social und lateinisch socialis ist ein Synonym zu `gesellschaftlich` und im erweiterten Sinn zu `gemeinnützig, hilfsbereit, barmherzig`.

„Es lebe Wikipedia." Das Innere Ich rollt mit den Augen. "Es ist den Leuten eben wichtig, sich jederzeit untereinander im Auge zu haben. Sozusagen eine gegenseitige Massen-Kontroll-Überwachung."

„Genau." Ich spucke das Wort regelrecht aus. „Sie fressen vorgekaute Meinungen, lachen über vollkommen unkomische Dinge und trainieren sich gegenseitig das selbstständige Denken ab. Außerdem hat der Staat so die absolut perfekte Kontrolle über das Volk. Jeder ist sein eigener Stasispitzel und freut sich, den Regierungen aller Länder seine privaten Details in den Rachen zu schmeißen."

Das Innere Ich steht in einem langen Gewand auf den Stufen vor einem Tempel und möchte den Menschen, welche unten entlang gehen, etwas Wichtiges sagen. Keiner von ihnen schaut es allerdings an. Sie alle starren wie hypnotisiert auf ihr Hand-Telefon. Irgendwann schaut doch mal kurz einer auf, ist irritiert und ruft dann zum Inneren Ich: „Ey, haste dazu mal `ne App?" Das Innere Ich holt eine ziemlich große Wasserpistole heraus und beschießt den Typen mit Schokoladenpudding.

„Vergiss es." Sage ich resigniert. „Diesen Wahnsinn kann man nicht mehr stoppen. Sie sind wie Lemminge und fahren eine ehemals halbwegs funktionierende Gesellschaft sehenden Auges mit Höchstgeschwindigkeit gegen eine Betonwand."

Das Innere Ich lacht: „Oder, wie man es neu-deutsch sagen würde: Die User appen das social-life mit highspeed in die Daten-Cloud." Es hüpft durch ein verlassenes Kloster, in dem riesige Spinnennetze unter der Decke gesponnen sind und reimt:

Sauf dir das Hirn nicht weg durch Rotwein,

app dich lieber in die cloud rein."

„Naja," sage ich, „der war jetzt nicht so doll."

„Stimmt." Sagt es und trinkt ein Glas Rotwein.

„Hast du dich schon mal gefragt, wo das hinführt? Wie dieser ganze Computer-Wahnsinn weitergehen wird?" Frage ich.

Das Innere Ich nickt. „Es wird bestimmt bald nicht mehr nötig sein, sein Smartphone im Restaurant neben den Teller zu legen. Der Bildschirm wird bereits in der Tischplatte eingearbeitet sein. Über diesen kann man dann auch direkt bestellen. Das erspart dem Kellner schon mal einen Gang."

Ich nicke. Absolut vorstellbar.

„Sich bewegende Werbungen auf Bussen und Autos." Sage ich. „Bei meinem Lieblings-Italiener gibt es das sogar schon im Spiegel auf dem Klo."

„In ein paar Jahren kannst du auf der Tapete an der Wand großformatig Fernsehen gucken. Die Bedienung wird per Gesten gesteuert oder auch einfach per Gedanken." Sagt es und fleezt sich in einen futuristisch anmutenden Ohrensessel in dem die Lautsprecher eingearbeitet sind und auch Geruchsdüsen, um den Film an der Wand noch realistischer erscheinen zu lassen.

Während es einen Film sieht, klingelt eine digitale Kuhglocke und der Film geht automatisch in den „Pause-Modus". Auf der Wand erscheint eine Freundin, die gerade am Display ihres Kühlschrankes steht und sagt: „Hallo. Wir bestellen gerade bei Aldi und ich habe gesehen, dass du keine Milch mehr in deinem Kühlschrank hast und deine Wurst bereits jenseits des Verfalldatums ist. Sollen wir dir was mit bestellen?"

Das Innere Ich klimpert mit den Augen. „Alles vernetzt. Wir werden sogar unsere elektrische Zahnbürste vernetzt haben, damit jeder weiß, wann wir uns womit die Zähne putzen!"

Mir wird kalt und ich sage leise: „Das alles führt dazu, dass wir in unserem Leben permanent umgeben sind von intelligenten, elektronischen Assistenzsystemen, die uns für jeden Lebensbereich mit ihren Ratschlägen zur Seite stehen. Es wird nicht mehr nötig sein, selbst zu denken. Wenn inzwischen bereits Computer mit dem Namen Watson eine verlässlichere Krebsdiagnose geben, werden wir bald der Elektronik mehr vertrauen, als den Menschen."

Das Innere Ich steht ganz einsam in einer Wüste. Um es herum flimmert ein durchsichtiger Datensturm mit ganz vielen, ganz unwichtigen Informationen. Es schaut mich an.

„Ich will da nicht mitmachen." Sagt es ängstlich. „Ich will nicht auf Schritt und Tritt beobachtet und bewertet werden. Ich will nicht, dass Jeder jederzeit weiß, was ich mache, mag und denke. Ich will nicht genauso gleich sein, wie diese ganze zähe Masse."

Ich schlucke und strecke dem Inneren Ich die Hand entgegen.
„Ich auch nicht." Sage ich. „Ich auch nicht."

Überraschend

Mir ist langweilig. Ich bin mit meiner Arbeit fertig und lungere vor dem Rechner herum.
"Los, lass uns was spielen." Sage ich zum Inneren Ich.
Es liegt auf dem Sofa und faulenzt vor sich hin. "Hm." Macht es. "Was denn?"
"Wie wär`s mit Galgenmännchen? Oder Verstecken?"
Das Innere Ich seufzt mitleidig. "Bist du bescheuert?" Fragt es. "Ich bin in deinem Kopf und somit ein Teil von dir. Du kannst dich genauso wenig überraschen wie du dich vor dir selbst verstecken kannst. Du kannst dich nicht einmal mit dem gewünschten Erfolg kitzeln."
"Hm." Sage ich. "Das ist überraschend richtig."

Überwacht

Dem Inneren Ich hat es die Sprache verschlagen. Es starrt wie hypnotisiert auf den Bildschirm des Laptops und macht mehrmals den Mund auf und wieder zu.

Da leuchtet mir ein Hinweis entgegen, der wie aus dem Nichts plötzlich auf meinem Arbeitsgerät auftauchte. Man bittet mich, meine Einwilligung zu geben, Auszüge aus meinen Texten an Mikrosoft senden zu dürfen, die damit ihr Rechtschreibprogramm erweitern und verbessern wollen.

Darunter in einem Textfeld seitenlange Auszüge aus meinen Geschichten für dieses Buch. Diese sind abgespeichert in meiner privaten Word-Datei und gehen nur an fünf Testleser als Anhang einer email raus.

Sie hätten gern Sätze, in denen ich Wörter erfunden habe. Zum Beispiel „Funkenflink" oder auch das „Innere Ich". Aber auch Wort Jonglagen und Redewendungen, welche in keinem Wörterbuch zu finden sind.

„Die… die wollen meine Wörter klauen! Die wilden, ungestümen Purzelbäume meiner Phantasie einfangen und in Ketten legen." Kiekst es entsetzt.

„Ich frage mich vielmehr, woher sie das haben." Erwidere ich erbost. „Das ist eine Frechheit, meine Texte zu kontrollieren und das nicht einmal heimlich. Und dann auch noch die Dreistigkeit zu haben, von mir eine Einwilligung zu fordern! Das ist ja schon fast Stasi-Verdächtig."

Das Innere Ich schüttelt fassungslos den Kopf. „Das würde bedeuten, dass wir schon ziemlich weit überwacht werden."

„Scheint so." Bestätige ich mit zusammengebissenen Zähnen. „Georg Orwell würde sich mit der Nummer ziemlich bestätigt fühlen."

„Und dann regen sich die Leute über den Abhörskandal der USA auf?!"

Es beginnt in einem ziemlich rebellischen Takt „Die Gedanken sind frei" zu pfeifen und verbarrikadiert die Hirn-Bibliothek.

Ich unterstütze es, indem ich das Textfeld der mail mit meinen Wörtern darin lösche und die Nachricht einfach weg-klicke.

Und wenn ihr Spitzel diesen Text lest, dann lasst euch eines gesagt sein: Ihr werdet weder meine Wörter bekommen, noch meine Kreativität!

Kreislauf

Irgendwie ist das im Leben wie mit dem Wäsche-Aufhängen. Du nimmst es aus der Maschine, hängst die Sachen auf die Leine, nimmst sie irgendwann wieder ab, legst sie zusammen und ab in den Schrank.

Dann zieht man sie wieder an, steckt sie in die Waschmaschine, holt sie raus, hängt sie auf, nimmt sie ab, legt sie zusammen, ab in den Schrank.

Dann zieht man sie wieder an....... Und so weiter.

Ab und zu trennt man sich von einem Kleidungsstück. Oder verliert es. Es kommen andere hinzu und auch mit ihnen beginnt derselbe Kreislauf.

Das geht uns mit Anziehsachen so, mit Schmuck, mit Möbeln, Häusern, Bekannten, Freunden...

Eigentlich ist das Leben doch ein immer währender Kreislauf von sich wiederholenden Ereignissen.

Ob es nun Feiertage sind oder das Wetter. Blöderweise wiederholen sich auch die negativen Dinge. Bauchweh bei Menstruation zum Beispiel. Oder Migräne bei starkem Sonnenlicht. Der Kater nach einer durchzechten Nacht.

Auch Kriege wiederholen sich – ebenso wie die Dummheit der Menschen, gegen die offensichtlich kein Kraut gewachsen ist.

Dabei brüllt doch der Weihnachtsmann jedes Jahr von den Schornsteinen: „Friede auf Erden und den Menschen ein Wohlgefallen!"

Oder kommt dieses Zitat nicht doch aus der Bibel?! – Egal, der rote Geschenkebringer mit seinem Rentierschlitten ist auf jeden Fall für die breite Masse populärer…

Das Innere Ich rülpst laut und torkelt auf die in Häusern verschanzten Soldaten zu. Es befindet sich mitten im Kriegs-Grenzgebiet und ist absolut betrunken.

Kein Wunder, denn es hat ca. 250 Flaschen Sekt nacheinander ausgesoffen. Auf Ex. Die Sektkorken hat es in einem Bastkorb im Arm.

„Abbbba ausch gutemm Grund!" Lallt es und tippt dem ersten vermummten Kämpfer auf die Schulter.

Dieser dreht sich um und ist für einen Moment unfähig, sich zu rühren.

Das Innere Ich ist zwar innen blau, trägt aber äußerlich ein schneeweißes Nachthemd, Glitzer auf der Haut und riesen-große weiße Flügel.

„Jezzzzzt mach`ma mal Schluss mit Balllann." Beschließt es und bohrt einen der Sektkorken tief in den Gewehrlauf den Schützen.

Es tippt sich mit dem Daumen auf die Brust und liest laut vor, was da aufgedruckt steht:

„Friedens-Engel."

Es gluckst glücklich. „Darrum die Fliiegel."

Ich schaue mir die skurrile Situation mit gemischten Gefühlen an.

„Abbrakadabbbra!" Schreit es kurzerhand, als ein anderer Schütze auf den Friedens-Engel schießen will. Und in feinster `Harry-Potter-Manier` fliegen alle Gewehre den Männern aus den Händen und landen vor dem Inneren Ich, welches Waffe für Waffe verkorkt.

„Und du glaubst, dass das etwas bringt?" Frage ich zweifelnd.

„Nö." Das Innere Ich grinst schief und schaut mich mit glasigen Augen an. „Abba der erste Schussss hört sich entweder nach Schylveschter und Feiern an oder geht einfach rrrichtich nach hinten los."

Dann hat es plötzlich einen angestrengten Gesichtsausdruck und schaut sich panisch nach einem Eimer um.

„Guck mal weg, ich hab Kreislauf!" Keucht es und tut, was es tun muss.

Na, dann Prost!

Küchen-Alarm!

Während ich an meiner Schreibmaschine sitze, sorgt die Putzfrau für Glanz in der Hütte. Dies ist überaus erfreulich, weil ich es dann nämlich nicht selber machen muss. Eine Beschäftigung, nach der ich mich nicht so wirklich sehne…

Das Innere Ich schnalzt missbilligend mit der Zunge. „Mal ganz abgesehen davon, dass das eine wörtlich zu nehmende `faule` Aussage ist, darfst du den Beruf gar nicht mehr so nennen."

Ja, tatsächlich. Während die Hausfrau nach wie vor sagt, sie hätte heute das Haus geputzt oder `Frühjahrs-Putz` gemacht, darf man nicht mehr `Putzfrau` sagen, wenn eine Frau dies bei anderen Leuten und für Geld tut. Schon eigenartig.

„Gibt es aber auch in anderen Berufen. Was früher Schreiner hieß, nennt man heute Holz-Techniker. Und ein ehrlicher Schlosser wird heute als Metall-Zerspanungs-Techniker eingestellt. Die Arbeit ist allerdings dieselbe geblieben." Es hat eine Tasse mit schwarzem Inhalt in der Hand.

„Igitt…" Mache ich. „Flüssige Lakritze?"

„Nö." Grinst es. „Cola."

Ich muss schmunzeln: „Wie heißt es denn jetzt korrekt? Reinigungsfachkraft?"

Das Innere Ich kichert. „Oder Haushaltsperle."

„Inventar-Reinigungs-Techniker." Schiebe ich hinterher.

„Haushalts-Pfleger."

Das Innere Ich steht mit Meister Proper vor einem mit Blumen geschmückten Traualtar, sie sind gerade durch ein Spalier beschürzter Reinigungsfachkräfte geschritten, welche über ihnen einen Bogengang mit ausgestreckten Schrubbern errichteten. Die Füße der Frauen stehen jeweils in einem roten Plastikeimer, aus dem es irgendwie nach Palmoliv riecht.

Was für eine skurrile Vorstellung.….

Ich schüttle die Bilder aus dem Kopf und gehe runter in die Küche, um mir einen Teller Suppe zu holen. Die Böden-und-Sanitär-Instandhaltungs-Technikerin hat gerade ihre Arbeit in der Küche beendet und was sie getan hat, bemerke ich, als ich nach der Schale für die Suppe greife.

Weg. Meine Gewürze vom Küchenschrank – weg. Die Corn-Flakes – weg. Alles weg.

Ich mache die Schranktüren auf und stelle fest, dass nichts, aber auch gar nichts mehr an dem Platz steht, den ich den Dingen gegeben habe!

„Die hat die Küche umgeräumt!" Brüllt das Innere Ich.

Um das Entsetzen zu verstehen, muss ich an dieser Stelle sagen, dass nicht einmal mein Mann befugt ist, irgendetwas in meiner Küche umzuräumen. Das ist MEIN Revier und es hat alles ganz genau dort zu sein, wo ICH es hinlege.

Ich räume also alles wieder raus und stelle die ursprüngliche Ordnung wieder her. Dann mache ich der Putzfrau mit Worten und Zeichen ganz deutlich, dass die Küchenschränke für sie ab sofort absolutes Sperrgebiet sind!

Das Innere Ich sitzt in einer Ecke des Nebenhirns an einem riesigen alten Schreibtisch und zeichnet wie wild vor sich hin.

„Was machst du da?" Frage ich.

„Ich entwerfe ein Küchen-Verteidigungsprogramm mit Pudding-Selbstschuss-Anlagen in den Schränken, die bei unautorisiertem Öffnen der Schranktüren losgehen. Wahlweise kann man auch Tapetenkleister oder matschige Früchte als Geschoss einfüllen. Gleichzeitig mit dem Abfeuern wird die Alarmanlage aktiviert, in dem dein Handy auf voller Lautstärke das Lied `Das bisschen Haushalt` abspielt." Das Innere Ich zieht ein anderes Blatt hervor.

„Und hier ist die `Rühr-mich-nicht-an-Vorsorge`." Auf der Zeichnung ist eine geöffnete Schranktür zu sehen, auf deren Innenseite zwei Kabel verlaufen, die an der Hinterseite des Knaufes befestigt sind.

„Die Kabel laufen in den Unterschrank in dem ein Weidezaun-Generator untergebracht ist. Wenn sie also an den Knauf fasst, um verbotener Weise die Küchenschranktüren zu öffnen,

bekommt sie einen elektrischen Schlag."

Ich schüttle nur den Kopf und hoffe einfach mal, dass die Worte genügen…

Kunst - Wunst

Mein Freund, der Pfarrer, hat neulich gesagt, für ihn wären meine Briefe Kunst. Darüber denke ich gerade nach und pflücke den Sinn ein bisschen auseinander.

Kunst oder besser "künstlich" ist ja ein Begriff der aussagt, dass etwas geschaffen wird, was nicht natürlich ist. Nämlich eben Kunst. Was aber nun, wenn ich doch mit meinen Texten genau das Gegenteil sein will? Wahrhaftig sollen sie sein, gar nicht gekünstelt und auch lüge und verbiege ich mich in den Gedanken dazu nicht, sondern schreibe wahrheitsgemäß auf, was ich denke und wie ich die Welt sehe.

Nun ist das Lob aber dazu gedacht gewesen, mir eine Freude zu machen, ein verbaler Blumenstrauß mit einem erblühten Kompliment. Und ich wäre nicht Weib, das ich bin, wenn es mir nicht gefallen und ich diese Gabe nicht von Herzen angenommen hätte!

Doch darf sich etwas Kunst nennen, was gerade mal einem Menschen gefällt? Gibt es überhaupt Richtlinien, was sich "Kunst" nennen darf?
Nein, die gibt es nicht - und darf es nicht geben. Denn sonst wäre es unmöglich, neue Interpretationen, Stilrichtungen und Strömungen zu erschaffen. Neues ersinnen kann nur ein freier, ungeknebelter Geist. Eine ungezügelte Neugier, sich und die Welt immer wieder aufs Neue zu hinterfragen und Möglichkeiten auszuprobieren. Ein unbändiger geistiger Bewegungsdrang, der fortwährend nach neuen Zielen sucht.

Was ist es denn nun aber, was ich mit der virtuellen Schreibfeder verfasse? Ein Herr Reich-Ranitzki würde es wohl kaum "Kunst" nennen... Aber die liegt ja bekanntlich im Auge des Betrachters. Vermessenheit ist allerdings auch kein Charakterzug, den ich gerne hätte.
Darum nehme ich einfach eine Lösung, die allen gerecht wird:
Was ich mache ist "Wunst".
Denn "Kunst" kommt von "Können".
Und "Wunst" eben von "Wollen".
:-)

Prognose

Ich sitze vor dem Fernseher und schaue die Nachrichten an. Bilder von Krieg, Gewalt, Korruption, Kinderpornographie, Steuerhinterziehung und Klimakatastrophen.

Im Vergleich zu den vielen Chaosmeldungen klingen die guten Informationen mickrig und leise und verhallen oft nicht wahrgenommen im Raum.

„Es ist verwunderlich, dass aus den Geräten noch kein Blut tropft." Meint das Innere Ich.

„Tja, die Welt wandelt sich. Manchmal habe ich das Gefühl, die Menschen haben zu viel Zeit und es geht ihnen viel zu gut. Sie schießen über die Grenzen hinaus, die nötig sind um friedlich miteinander zu leben."

Das Innere Ich kratzt sich am Kopf und macht es sich in einem Kleefeld bequem. „Worauf willst du hinaus?" Fragt es.

„Ich wäre auch verletzt, wenn eine Zeitung immer und immer wieder aus reiner Provokation meinen Gott mit nacktem Arsch und in vollkommen unwürdigen Bildern auf ihrer Titelseite abbilden würde."

„Aber du würdest deswegen nicht morden." Gibt das Innere Ich zu bedenken.

„Nein." Bestätige ich. „Das Töten möchte ich bitte Gott überlassen. Meiner Meinung nach hat kein Mensch auf der Welt das Recht, über das Leben oder Sterben eines Anderen zu entscheiden."

„Und du stellst die Pressefreiheit in Frage?" Fragt es nachdenklich und bohrt sich in der Nase.

Ich mariniere ein Huhn, weil ich mich beim Kochen am besten konzentrieren kann und erwidere: „Nein, ich stelle sie nicht in Frage. Es sind nur die moralischen Grenzen, die ich nicht erkennen kann. Kritik ja und immer unzensiert, das ist wichtig. Die unwürdige, wirklich gemeine und verletzende Art, wie mit dem muslimischen Gott umgegangen wird, finde ich aber vollkommen jenseits der Grenzen, welche für ein Miteinanderleben vieler Kulturen notwendig sind."

Das Innere Ich sucht nach vierblättrigen Kleeblättern, findet eines und steckt es sich hinter das Ohr.
„Was hältst du von den `Pegida`- Demonstrationen in Deutschland?" Fragt es und setzt hinzu: „Du hast Paprika vergessen."
Ich würze nach und sage verächtlich: „Geistiger Abschaum." Es fällt mir schwer, ruhig zu bleiben und massiere die Marinade in das Hühnchen. „Sie sind wie die Lemminge und verhalten sich exakt so, wie die Leute es vor dem zweiten Weltkrieg (oder vor jedem Krieg?!) gemacht haben. Sie spielen quasi `die Welle` live und im Jetzt. Hirnlose Idioten auf dem falschen Weg der Macht. Jemand sollte mal in der Aula das Licht anmachen!"

Es ist ganz still geworden, wie immer, wenn es Angst hat. „Und deine Prognose?" Fragt es mit angehaltenem Atem.

Ich überlege noch einen Moment und sage dann: „Ich sehe noch Hoffnung, so lange es auf den Straßen sichtbar viele Menschen gibt, die ihre Stimmen gegen diese Volkshetze erheben und bunte Plakate in die Höhe halten. Erst wenn sie verstummen haben wir den Frieden verloren."

„Dann solltest du die bunte Seite unterstützen." Meint es und kleidet sich in Regenbogenfarben. Um den Hals trägt es eine Kette, welche aus ineinander geschlungen

Symbolen vieler Religionen besteht und hat sich aus vielen vierblättrigen Kleeblättern einen Haarkranz gemacht. Es schaut mich mit einem auffordernden Lächeln an.

„Was ich hiermit tat." Sage ich zufrieden und schreibe den letzten Satz.

Zu spät

" Das Alter ist Wurst, es sei denn man ist ein Käse..."

In meinem Fall war ich heute Morgen ein überreifer Gorgonzola. Zumindest dachte ich das, als ich in den Spiegel schaute. Gestern bin ich noch lange durch die Stadt gelaufen, ohne Ziel, einfach so. Michel hatte beim Puschkin-Lauf mitgemacht und war daher eh nicht daheim.
Irgendwann taten dann aber die Füße weh und während Michel am Abend die TV-Aufnahme von dem Formel-1-Rennen schaute, verzog ich mich ins Esszimmer und fing an, die Münchner Frauenkirche auf die Tapete zu malen.
Einer meiner größten Fehler ist, dass es mir bei vielen Dingen schwer fällt auf zu hören.
Das Innere Ich ist dann so energiegeladen, dass überhaupt gar nicht an Schlaf zu denken ist und es nur immerfort in Bewegung bleiben muss.
Also malte ich bis tief in die Nacht und das zeigte sich denn auch deutlich im Spiegelbild. Gott ist gemein, er

hätte die Falten eigentlich auch woanders entstehen lassen können, als im Gesicht, es gibt am Körper so viele Stellen, wo es keiner sehen würde!

Überhaupt ist das mit dem Älterwerden so eine Sache. Insgeheim fürchten wir uns doch alle davor. Es ist ja auch nicht wirklich erstrebenswert, mit einem Rollator und angehängtem Urinbeutel über Krankenhausflure zu siechen. Fit zu sein bis an unser Ende, dann einfach schmerzfrei einzuschlafen und alles in seinem Leben geregelt und aufgeräumt zu haben ist nur Wenigen gegönnt. Viel zu oft werden wir aus dem Alltag gerissen ohne Vorwarnung und mit tödlicher Konsequenz. Und immer wird es Jemanden geben, der sich dann sagt: "Hätte ich doch..."
"... die Chance genutzt, um mich auszusöhnen."
"... ihr einfach mal gesagt, wie sehr ich sie mag."
" ...erzählt, dass ich die alte Geschichte schon längst verziehen habe."

Aber dann ist es zu spät. Dann ist es egal, ob man schon immer um Verzeihung bitten wollte und es wieder und wieder nach vorn verschoben hat. Dann kann man nichts mehr daran ändern, dass es eigentlich nur falscher Stolz war, der einen gehindert hat, als Erster auf den Anderen zuzugehen. Dann hört keiner mehr hin auf die Worte, die uns so schwer auf der Seele liegen. Dann ist es zu spät...
Ich glaube, dass man sich ab und zu mal daran erinnern muss, Dinge nicht aufzuschieben, bis die Menschen nicht mehr da sind, die diese Worte brauchen. Und dabei ist es völlig Wurst, wie alt man ist. Verzeihen oder um Verzeihung bitten kann man nämlich auch noch, wenn man bereits mit dem Rollator und angehängtem Urinbeutel über die Krankenhausflure siecht... Wir

müssen einfach nur mutig genug sein, um den ersten Schritt zu machen.

Was keiner wissen will

Wenn man Menschen beim Essen beobachtet, dann merkt man ganz schnell, dass selbst Topmodels dabei einfach nicht gut aussehen. Noch nicht mal in der Werbung. Aber noch unangenehmer als das Wissen darum ist es, wenn man merkt, dass man selbst beim Essen beobachtet wird!

Und das sind dann genau die Momente, wo die Gabel zu Boden fällt. Wo die Suppe am Kinn hinunter läuft und vermutlich dabei Lippenstift und MakeUp verschmiert. Es sind genau die Augenblicke, wo einem die Soße auf die Bluse tropft oder den Herren die Krawatte in die Kaffeetasse fällt und sich damit vollsaugt.

Die sogenannten „ausgerechnet-jetzt!-Momente".

Und ich schwöre, NIEMAND ist davor sicher, nicht mal der Trainer der Knigge Benimmschule.

Diese Momente gibt es natürlich nicht nur beim Essen, sondern verfolgen uns den ganzen Tag über…

Wenn man zum Beispiel mal ganz nötig aufs Klo muss aber keines in erreichbarer Nähe ist. Oder wenn man rülpsen oder pupsen möchte und es gerade aufgrund anderer Personen in viel zu naher Nähe verhindert wird…

„Du willst jetzt aber nicht wirklich von peinlichen Geschichten anfangen…?" Fragt das Innere Ich argwöhnisch.

„Neiiiin!" Antworte ich gedehnt. „Ich wollte nur mal darauf hinweisen, dass es einfach sehr, sehr unangenehme Situationen gibt und, dass diese menschlich sind."

„Das will aber keiner wissen." Bemerkt das Innere Ich spitz.

„Wieso darf ich nicht mal über ganz profane, menschliche Dinge schreiben?" Frage ich gekränkt.

„Weil es eben keiner wissen will." Erwidert es genervt.

„Aber…" Beginne ich.

„Määäääänsch!

„Ist ja gut…" Gebe ich auf und schließe die Geschichte ab.

Welttage

Toll, was es alles gibt! Ab und zu hören wir in den Nachrichten: „Heute ist der Internationale Tag der Vereinten Nationen für die Rechte der Frau und den Weltfrieden!" (Weltfrauentag)

In die Liste der Welttage aufgenommen von der UNESCO (United Nations Educational, Scientific and Cultural Organization)

Zu Deutsch:

Organisation der Vereinten Nationen für Erziehung, Wissenschaft und Kultur

Und nun das Ganze noch einmal zum Schmunzeln:

Am 8. März feiert Russland, wie jedes Jahr, als gesetzlichen Nationalfeiertag den von der UNESCO so beschriebenen Tag:

„Tag der Rechte der Frau und des Weltfriedens."

Aber lassen wir die Spitzfindigkeiten, immerhin bekommen die Damen an diesem Tag von allen Seiten her Blumensträuße geschenkt, was zumindest den floralen Wirtschaftszweig den Rest des Jahres über Wasser halten sollte.

Aber wenn man sich die Welttage der UNESCO mal genauer anschaut, dann sind da noch einige andere Tage, bei denen es mir zumindest in den Mundwinkeln zuckt.

„23. März - Welttag der Meteorologie" Beispielsweise. Oder „23. April - Welttag des Buches und des Urheberrechts". Auch schön: „17. Mai - Weltfernmeldetag."

Das Innere Ich blättert begeistert in einem Buch mit dem Titel: „Tage, die die Welt vermutlich nicht bräuchte" und kichert vor sich hin.
„Schau hier: 9. Oktober - Tag des Weltpostvereins. Was man da wohl beisteuern soll? Vielleicht wird die ganze Welt aufgerufen, jeder Person in seinem email-adressbuch einen Brief zu schreiben. Wenn jeder da mitmacht, dann bricht das Inter-Netz auf der ganzen Welt vermutlich ziemlich schnell zusammen."
„Schicke Vorstellung." Meine ich grinsend.
Ich blättere ebenso interessiert und dann finde ich die Lösung für alle weltlichen Probleme:

Der 10. Oktober!
Das ist das Datum, an dem alles Böse ein Ende haben und der Weltfriede in erreichbarer Nähe sein könnte: Der Welttag der geistigen Gesundheit!

Vorbereitet am 5. Oktober, da ist nämlich Internationaler Tag des Lehrers. Die sollen den Menschen beibringen, wie ein gesunder Geist aussehen könnte....

Und ob das Ganze dann funktioniert, erfährt man dann am 21. November. Da ist nämlich Internationaler Tag des Fernsehens.

Das Innere Ich schlägt sich mit der flachen Hand vor die Stirn: „Wer, bitte, braucht denn sowas???"

Ich kichere: „Das ist genau so wichtig, wie der Welttourismustag am 27. September."

Es gibt sicherlich Welttage, die (zumindest in meinen Augen) wichtiger sind, als der Weltpostverein. Aber es ist doch auch schön zu wissen, dass sich Organisation für Erziehung, Wissenschaft und Kultur auch derer annimmt, die sonst vielleicht vergessen würden. (Wer zahlt die UNESCO eigentlich?)

Wann haben Sie eigentlich das letzte Mal eine handgeschriebene Postkarte oder einen „echten Brief" verschickt? Glauben Sie mir, der Empfänger freut sich, denn das ist heutzutage eine Rarität!

Pfuiteufel!

Jaja... wer viel hinlangt, der langt auch schon mal daneben!

Den Kopf voller Gedanken war ich duschen. Ich musste mir überlegen, was ich heute kochen würde und womit ich Michel heute Abend eine Freude machen könnte.

Das Innere Ich lag in der Badewanne, begraben unter einem riesigen Schaumberg und blubbte: "Könntest dir mal wieder die Beine rasieren, darüber freut er sich bestimmt."

Da hat es eigentlich Recht also greife ich nach der Klinge. Erstaunlich, wenn man sich mal seinen Körper ganz genau anschaut stellt man erst fest, wie immens viele Haare man eigentlich hat!

Aber das löst noch nicht die Frage nach Dinner und Michel.

Ich wickele mich in Jakobs weißen Bademantel, denn ich selber habe keinen und greife nach der Zahnbürste. Der Blick in den Spiegel zeigt an der krebsroten Haut, dass ich mal wieder viel zu heiß geduscht habe. Macht nüscht, was gut durchblutet wird stirbt nicht so schnell ab.

Während ich über Gerichte nachdenke, halte ich in der einen Hand den Föhn und in der Anderen die Zahnbürste. Das spart Zeit, wenn man es gleichzeitig macht.

Und dann schmeckte es auf einmal gar nicht minzig, sondern gallebitter und ekelhaft!

Ich spucke alles sofort aus und spüle den Mund gründlich mit Wasser aus. Dann schaue ich auf die vermeintliche Zahnpasta. Da habe ich doch tatsächlich statt der Zahnreinigungs-Tube das Duschgel vom Jakob gegriffen und es nicht bemerkt....

Pfuiteufel! Manchmal sollte man sich doch eher auf eine Sache konzentrieren!!!

Pechsträne

„Uiuiuiuiui!" Jammert das Innere Ich und schaut sich ängstlich nach allen Seiten um. Es trägt ein Hufeisen um den Hals und sitzt in einem ganzen Beet vierblättriger Kleeblätter.

Ein Schornsteinfeger kommt vorbei und das Innere Ich schüttelt ihm hingebungsvoll die Hand.

Dann setzt es sich Beine baumelnd auf eine große Kiste.

„Was ist da drin?" Frage ich.

„Och, ich habe da nur vorsichtshalber ein paar Kleinigkeiten heraus gekramt." Sagt es und holt den Inhalt der Schatzkiste hervor.

Ein Fliegenpilz, eine Hasenpfote, ein Glückspfennig, ein ausgetrockneter Marienkäfer, einen Mistelzweig und ein Ferkel, welches sich direkt auf den Mistelzweig stürzt und ihn auffressen will, ebenso wie die Kleeblätter.

Das Innere Ich spring entsetzt auf legt dem Schwein einen Maulkorb an.

„Sag mal, was soll das Ganze eigentlich?" Frage ich.

Das Innere Ich schüttelt vor so viel Unwissenheit den Kopf. „Heute ist Freitag der 13.! Der Tag, an dem alles Schlimme passiert. Der Pechtag!"

Es fängt an, sich Salz über die Schulter zu werfen.

„Das ist doch totaler Blödsinn." Entgegne ich.

„Wirklich? Dann guck doch mal nach Draußen. Was für Wetter ist da? Regen. Siehste."

„Gestern hat es auch geregnet und es war nicht Freitag der 13." Erwidere ich. „Unglück oder Pechstränen sind doch nur das Ergebnis subjektiver Wahrnehmung. Das ist wie im Obstregal eines Supermarktes. Wenn zwei Äpfel in dem Kasten schlecht sind, sehen wir die

Restlichen gar nicht mehr wirklich, weil uns die Faulen viel schneller ins Auge gesprungen sind."

Das Innere Ich schüttelt störrisch den Kopf. „Es gibt mehr Dinge zwischen Himmel und Erde, als wir uns vorstellen können." Beharrt es. „Pechstränen gibt es schon in Überlieferungen aus vielen Jahrhunderten."

Ich muss lachen. „Klar, viele hunderte von Jahren glaubten die Menschen auch, die Erde sei eine Scheibe!" Schmollend schiebt es sich einen Lakritz-Taler zwischen die Zähne.

Ich kraule eine schwarze Katze hinter den Ohren und sie schnurrt zufrieden. „Aberglauben ist in positiver, wie auch in negativer Richtung lediglich der Versuch, auf Situationen einwirken zu können, die sich unserer Einwirkung entziehen. Zum Beispiel der Umstand, dass es gerade draußen regnet. Wenn mir heute ein Vogel auf den Kopf kackt, dann liegt das nicht am Datum, sondern am Vogel. Und wenn ich unter einer Leiter hindurch gehe und kriege einen Schraubenschlüssel auf den Kopf, dann liegt das am Klempner, der ihn hat fallen lassen. Und an mir, weil ich so doof bin, unter Menschen mit Werkzeug in der Hand entlang zu gehen."

„Aber die Glücksbringer funktionieren", Sagt das Innere Ich spitz. „Hast du bemerkt, dass heute keine schlimmen Dinge passiert sind?"

„Es wären auch ohne Glücksbringer keine schlimmen Dinge passiert." Lache ich.

„Man kann nicht immer alles kontrollieren. Und dann ist es wichtig, nicht auf die negativen Erlebnisse zu warten und sich dann zu bestätigen, dass es ja wohl vorhersehbares Pech war. Viel besser ist es doch, die positiven Seiten zu sehen und einfach das Beste draus zu machen. Vor allem, wenn man es eh nicht ändern kann."

Das Innere Ich packt seufzend die Sachen wieder ein und zuckt mit den Schultern. „Naja, Schaden kann es jedenfalls nichts, den Kasten noch irgendwo in einer Ecke zu lassen. Falls doch irgendwann mal eine schwarze Pechsträne kommt…"

„Wenn irgendwann eine schwarze Pechsträne auftaucht", schmunzle ich, „dann färbe ich sie bunt!"

Vorbereitung auf das Ende

Nun ist es bald soweit und das Ziel, Geschichten vom Inneren Ich als Buch zu veröffentlichen ist fast erreicht.
Ein bisschen tut es mir fast Leid, denn mit der Zeit ist es mir ans Herz gewachsen und es hat viel Spaß gemacht mit und über das Innere Ich zu erzählen.

Den fünf Testlesern ging es vermutlich ebenso, denn mitunter kamen Rückmeldungen auf die Texte mit der Anrede: „Liebe Corinna! Servus Inneres Ich!" oder auch: „Einen besonderen Gruß an das Innere Ich!"
Einmal sogar wurde eine Geschichte vom Inneren Ich in einem Gottesdienst in Deutschland vorgelesen.

Dies lässt nicht nur das Innere Ich vor Freude hüpfen, sondern macht mich auch ein wenig stolz, weil es offenbar geglückt ist, dieses nicht existierende Wesen so präsent und lebendig zu gestalten, dass es sich in den Gedanken und Vorstellungen der Menschen tatsächlich zum Sein erhebt und mental fassbar für sie existiert.

Das Innere Ich nagt an der Unterlippe.

„Ob mich die Leute wohl vermissen werden?" Fragt es bange.

„Eine Zeitlang, womöglich." Erwidere ich seufzend. „Aber leider nicht lange. Die Erfahrung zeigt, dass Menschen (und auch Wesen, die es gar nicht gibt) in Vergessenheit geraten, wenn sie nicht ständig und aktuell sich immer wieder den Leuten ins Gedächtnis rufen – oder gerufen werden."

Eine Weile ist es ganz still.

„Was wird mit mir passieren, wenn du nicht mehr über mich schreibst?"

Das Innere Ich sitzt auf einem Felsen inmitten eines großen Sees dessen Ufer so fern sind, dass man rundherum kein Land sehen kann. Kein Lüftchen bewegt das Wasser, kein Geräusch ist zu hören. Keine Welle plätschert. Nur die Frage hängt in der Luft, klebrig schwer mit dem Druck der Wahrheit, welcher auf einer solchen Antwort lastet.

„Ich weiß es nicht." Gebe ich zu.

Selten bin ich mit einer gegebenen Antwort dermaßen unzufrieden. Und ich denke lange darüber nach.

Die Antwort: „Nichts. Einfach gar nichts. Es wird so sein, als seist du niemals erwähnt worden." – fühlt sich für mich nicht richtig an. Vielleicht möchte ich es aber auch einfach noch gar nicht wahr haben.

Wenn Menschen gelebt haben und sterben, dann sind sie nicht mehr da. Existieren also hier auf der Erde physisch nicht mehr. Wenn wir an Gott glauben, dann sind wir uns aber sicher, dass dieser Mensch (so er sich nicht ganz und gar dämlich angestellt hat im Leben) nach dem Tod von Gott aufgenommen wird.

Aber etwas, was wir selbst erfunden haben kann ja wohl schwerlich diesen Weg beschreiten! Das wäre ja etwa so, als wolle man Gott einen Kuckuck ins Nest legen…

Dem Inneren Ich wachsen fast unbemerkt braune Federn und die Augen werden ganz dunkel und knopfartig…

„Nein!" Wehre ich entschieden ab. „Ich werde mich ganz sicher nicht mit meinem Schöpfer anlegen! Irgendwann komme ich dann nämlich ans Himmelstor und Petrus hält das Innere Ich an einem Ohr in die Höhe, deutet mit dem Kinn darauf und fragt: `Hast du dafür eine gute Erklärung?` !"

Das Innere Ich legt den Kopf ein wenig schief. „Ob es im Himmel wohl Lakritze gibt? Wenn

ja, dann würde ich es auf einen Versuch ankommen lassen."

Ich muss unwillkürlich lachen: „Nein, ich denke, man sollte nicht den Versuch machen, ausgerechnet Gott hinter`s Licht zu führen. Die Chancen, dabei glimpflich weg zu kommen, stehen nicht sehr gut."

Das Innere Ich sitzt noch immer auf dem Felsen. Die Schultern sinken nach unten und es schaut mit feuchten Augen auf seine Schuhspitzen.

„Aber…" Seine Stimme ist leise, trotzdem hört man deutlich das unterdrückte Zittern heraus. „Ich möchte hier bleiben. Ich will nicht einfach `weg` sein."

Auch meine Augen brennen und füllen sich mit Tränen. „Wirst du auch nicht. Ich behalte dich einfach immer hier." Sage ich mit rauer Stimme.

Und weiß doch, dass es eine Lüge ist.

Ich ging in die Wälder, denn ich wollte wohl überlegt leben. Intensiv leben wollte ich. Das Mark des Lebens in mich aufsaugen, um alles auszurotten was nicht lebend war. Damit ich nicht in der Todesstunde innewürde, das ich gar nicht gelebt hatte.

Henry David Thoreau

Kommt, meine Freunde, noch ist es nicht zu spät, eine neue Welt zu suchen, denn ich will weiter segeln,
über den Sonnenuntergang hinaus,
und obwohl wir nicht mehr die Kraft besitzen, die in alten Tagen Himmel und Erde bewegte, sind wir dennoch, was wir sind; noch immer sind wir Helden, deren Herzen im Gleichklang schlagen, zwar schwächt das Schicksal uns von Zeit zu Zeit,
doch stark ist unser Wille zu streben, zu suchen, zu finden, und nicht zu verzagen.

Walt Whitman

Das Innere Ich ist bereits in Urlaubsstimmung, nippt an einem Cocktail und grinst breit.

„Schreib den Lesern doch deine email-adresse! Dann können sie dir erzählen, ob ihnen dein Buch gefallen hat."

„Gute Idee." Meine ich anerkennend.

Und, während ich auf meinen Urlaubsflieger warte und dieses Buch endgültig abschließe, hier nun für Sie meine Adresse für Ihre Meinung:

Corinna@familie-howe.de